「できる子」の親がしている70の習慣

七田 眞

PHP文庫

○本表紙図柄＝ロゼッタ・ストーン（大英博物館蔵）
○本表紙デザイン＋紋章＝上田晃郷

「できる子」の親がしている70の習慣●目次

第1章 がんばれる子

第2章 勉強できる子

第4章 がまんできる子

第5章 けじめのある子

第6章 伸びる子

第7章 思いやりのある子

本文イラスト●サノ　エミコ

第1章 がんばれる子

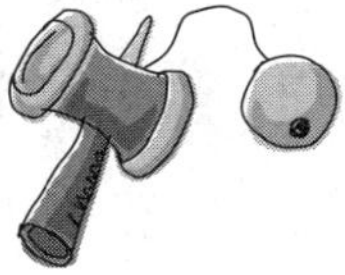

1 子育ての素晴らしさ、楽しさを知る

子育ては本来楽しいものです。「子どもは五歳までに一生分の親孝行をしてしまう」という言葉があるくらいです。これは、子育ての楽しさを見事に表現したものといえるでしょう。

ところが、子育てを楽しくないと感じられるご両親がおられます。

ある日、テレビを見ていましたら、「お母さんにとって子育てとは何か」というテーマの番組をやっていました。その番組では、街で五十人のお母さん達に「あなたにとって子育てとは何ですか」というアンケートをとり、その回答を紹介していました。

すると、お母さん方の答えは、「忍耐です」「犠牲です」「もう灰色です」などというものであり、子育てをみんなお荷物に思っているようなのです。「自分の人生は終わってしまった。ひたすら忍耐だ」と、子育てをすべてマイナスにとらえ、発言しておられるのです。

そんな中、たった一人ですが、「子育ては宝です」という発言をしたお母さんがいました。「宝ものをもらって、本当に子育てが楽しくてしょうがありません」という答えが、五十人の中で最後に一人だけ出てきたのです。私はほっといたしました。

両親が子育てがわからないと思い、子どもの成長が遅れているのではないかとマイナスの思いが心を占め、子どもの反応が悪い、子どもといても楽しくないなどという気持ちにとらわれてしまうと、子育てが楽しくないものになってしまいます。しかし、子どもが明るく育っている、成長が目に見える、子どもが親を慕っているとなると、とたんに子育てが明るく楽しいものに変わってしまいます。

子どもの姿は親の育てた姿です。子どもがどう育つか、どう変わるかは、すべて親次第です。親が上手な子育てを知って、それを実践してくだされば、子育てはとても楽しいものになります。

親が子育てを知らないことが子育てを難しくし、楽しくないものにしているのです。親が子に、しっかり愛情を伝えてくだされば、子どもは明るく、素直に、スクスク育つものなのです。

子育ては、人生のあらゆる仕事の中でいちばん尊い仕事です。というのは、子ども達は次の世代をつくっていく担い手です。そういう宝ものを、私達は神様から預かって育てているわけです。

ところが最近のお父さん、お母さんは、子どもを私物化している傾向がありま す。子どもを私物化して、私の子どもだからどう扱おうと平気、というような考え方で子育てをしている親が増えてきているように思います。

しかし、子どもは神様からの預かりものであり、しっかり育てなくてはいけないのです。一人一人の子どもを、一人の人間として尊敬して育ててくださることが大切です。

そのためには、親が上手な子育てについて知り、子どもの心をしっかりと育てていかなければいけません。では、子どもの心をどう育てていけばよいのでしょうか。

2 「あなたなら、きっとできる」と励ます

世の成功者は皆ロマンを持っています。夢を持っています。

人は皆夢を持つものですが、人生の途上で夢を失っていきます。夢をくじかれて

しまうのです。自分はダメだ、自分には才能がない、運がない、と途中で努力することを放棄してしまうのが普通です。

夢を育てるカギは、コツコツと努力することを教えることにあります。成功のかげには必ず人一倍の努力があるものです。

ある有名なスポーツのコーチの言葉に、「経験から言うと、あまり能力がなくても、立派な選手になりたいと願っている人間の方が後の人生に成功している。必死で努力し、その中で必要な価値観を身体で学びとっている。器用にこなすタイプの人間は努力しないでできる。するとと勝利に不可欠な人生観が身に付かない」とあります。

現実に夢をつぶされない子に育てるには、たとえ今子どもの能力が低く見えても、子どもの本来の能力を信じ、学校の評価などにかかわらず、子どもを一〇〇パーセント認め、励まして育てることです。「あなたならきっとできる」と励ます言葉が、志《こころざし》の大きな子どもを育てます。

どんな子でも、この人生でその子にしかできないという役割を持って生まれてきます。自分がかけがえのない人間であることを気付かせ、良い目標を持って生きると良質の充実した生き方ができることを子どもに教えましょう。

次に、心の発達の三つの季節について紹介します。

●一 心の季節

生まれてから小四まで。この時期は過去の偉人達の言葉を暗唱するのに適しています。般若心経《はんにゃしんぎょう》や漢詩、論語などの古典を暗唱させましょう。すると、それらが潜在意識の深いところに入って、精神的バックボーンになります。大人になってからも身に付いた学問として働きます。無意識の心に入った漢文の持つ深い味わいが、その人の深い思想の背景になります。

●二　自然の季節

小五から中三まで。この時期は精神的夜明けの時期です。伝記や小説を読むのにふさわしく、立志の時期です。精神に目覚める時期でもあります。

●三　社会の季節

中三以上。人間とは何か、学問とは何か、と真剣に考える季節です。この時期に素晴らしい師にめぐりあうことは、その子の一生を左右します。

人のために尽くそうという志が大きく育つ時期であり、実践に移していく時期です。

3　夢や人生の希望を持たせる

人生のいちばんの喜びは何でしょう。お金持ちになることでしょうか。有名になることでしょうか。

人の幸せを考えずに自分の幸せだけを考えて事業をし、成功しても、心にむなしさが残るでしょう。

もしも成功をなしとげたとしても、利益のためだけの事業は、決して長続きしないでしょう。

人は誰でも自分の運が良くなり、自分のすることが成功することを望みます。ではどうすれば運が良くなるのでしょうか。

運命とは自分で創っていくものです。「運」とは運ぶことを意味し、動くことを意味しています。「命」とはどうにもならない絶対の働きをいい、天命といいます。運命はダイナミックなもので、決して生まれる前から定まっているものではありません。

易者が占う易《えき》は不変なものではないのです。易とは「かわる」という意味です。「万物は変わる。その創造変化の姿に不変の法則を見出して、役に立てる」のが易学なのです。

命を知って自分を創り出していくのが「立命」です。因果関係を動かして新しい運命を創っていくのが道であり、立命なのです。

中国周代に書かれた「易経」は運命を切り開く知恵を明かす本です。その「易経」には、次のようなことが書かれています。

龍の成長には、潜龍から亢龍まで、次の六龍（六つの姿）があります。

①潜龍（せんりゅう）水の底にいる。まだ世に出ない

②見龍（けんりゅう）浮かび上がって来て、首だけ見せている。ようやく力が見出され始めた

③乾龍（けんりゅう）姿を現す。嫉《ねた》む人達から妨害を受け始める

④淵龍（えんりゅう）淵の近くにいる。慎重に謙虚な気持ちを忘れず、淵に沈む

⑤飛龍（ひりゅう）飛び始める。何もさえぎるものがない。大きく飛翔する

⑥亢龍（こうりゅう）地の底にまたもぐる。永続きはしないもの。また最初にもどる

運を創るには、無名の時代に、下へ下へと根を張る努力が必要なのです。人には潜龍の時代がないとだめなのです。

また、運を良くするには、志を高くすること、何かすぐれたものを持とうとすること、この二点が特に大切です。

志を高く持つことは、人の役に立ちたい、世の中に大きく貢献したいという気持ちを持つことです。それに加えて、何かすぐれたものを持ちたいという気持ち、その願いを果たすために努力することが大切です。

志を高く持ち、それに向かって不断の努力を続けることで人間が練れ、器が大きくなっていきます。志が大きいほど大きく伸び、良い運もつきます。人のために尽くすことを徳を積むといいます。徳を積むと気が高まり、運も高まります。

人のために尽くそうと大いなる決心をすること……これが志であり、人のために尽くすということは徳に他ならず、それが運をもたらすものであれば、運とは徳に他ならないことがわかるでしょう。人を幸せにすることによって、自分が幸せになり、運が良くなるのです。

運を良くするにはもう一つ要素があります。それはできるだけ早い時期に人生の目標を立て、それに向かって精進努力し、人にない何かすぐれたものを持とうとすることです。

毎日はっきりした目標を持って生きることが大切です。日常とかく雑事に流されやすく、流されて生きていると、長い人生で何もできなかったのを見出すことになります。

子どもに早くからはっきりとした目標を持たせ、その目標に向かって自ら《みずか》学ぶという姿勢を育てましょう。

また、子どもに運命の女神に愛される生き方とはどういうものか、教えてあげましょう。運命の女神は、毎日を一生懸命努力して生きる人を愛します。そしておごり高ぶらず、謙虚な人を愛します。この二点を知っていることが大切です。

クラスの中で誰が一番か、運命の女神の見方を教えましょう。いつも苦労もしないで楽に学科で一番をとっている人が運命の女神の好きな人でしょうか。そうではないのです。いちばん努力して、伸びがいちばん大きかった人が、運命の女神から見れば一番なのです。

いつも百点をとっている人が運命の女神に愛される人ではないのです。なぜでしょう。いつも楽に良い成績をとっている人は、あまり努力をしないですみます。苦労することがないのです。失敗もあまりしません。すると心を鍛えられることが少なくなります。

運命の女神は、逆境の中で努力し精進する人がいちばん好きなのです。悩みをたくさん持っている人の方が、心を磨くチャンスを多く持っているのです。だから苦しいことが多いほど、自分はチャンスを与えられていると感謝するのだと、子どもに教えてあげましょう。

そうして自分を磨くことを心がけ、人より何か一つすぐれたものを磨こうと努力するのがよいのです。

4 「愛」だけでなく「敬」のある親子関係づくり

一九九八年に日本ＩＢＭが、日米の中学生男女各二百名に対して、自分の親についてどう思っているかアンケート調査したところ、次のような結果が出ました。

	アメリカ	日本
父親を非常に尊敬している	六六％	二〇％
母親を非常に尊敬している	六五％	二三％
理想とする大人	トップは両親	武田鉄矢、中山美穂ら芸能人

日本の中学生は、アメリカの中学生に比べ、親との関係が切れており、尊敬していないことがこの結果からわかります。なぜ日本では子どもが親を尊敬しないのでしょうか。

それは、親を尊敬するように子どもを育てないからです。子どものことを対等に友達として扱って、自分を尊敬させていないのです。自分が子どもの尊敬すべき対象になっていないと言ってもいいでしょう。そんな親のことを子どもが尊敬することはありません。

ここで大切なのは、親が親として、子どもがいけないことをした時にはいけないと教える存在でなければいけないということです。それを放棄していたら、子どもは親を尊敬しません。同等だと思ってしまいます。そうしたら尊敬する心など育たないのです。教師に対する尊敬も育ちません。世間の大人の人に対する尊敬も育ちません。

今教育でいちばん問題なのは、子どもに大人に対する尊敬の心が育っていないということです。日本の子ども達は今、両親を尊敬しなくなっています。教育に「敬《けい》」が失われているのです。「敬」とは敬重《けいちょう》すること、つまり敬い重んじることです。「敬」とは一方的なものではありません。互いに尊敬し合うことです。

子どもが非行に走ったり、いじめをしたり、自殺をしたりするすべての大本は、子どもが大人を尊敬しなくなったことに原因を発しています。一方的に子どもが親を尊敬するということではありません。親も子どもを尊敬しなくてはいけません。

また、子どもを一人の人間として人格を認めて尊敬するのであれば、動物扱いをしてはいけません。動物扱いというのは、したいことをしたい通りにさせるということです。子育てをする以上は、きちんと一人の尊敬すべき人間として、その人格を育てていこう、人間としての道を教えていこうとしなくてはいけないのですが、それが今失われてしまっています。そしてそれが今、大きな問題になっているのです。

子育てで大切なのは、「愛」と「敬」があることです。「愛」だけの子育てでは足らないのです。

「愛して敬せざるは、これを獣畜するものなり」（『孟子』）、「敬せずんば、何をもってか別《わ》かたんや」（『論語』）という言葉があります。「愛」だけあって「敬」がなければ、動物と変わらないといっているのです。

このうち、特に「愛」は母親の専門になります。「敬」は父親の専門になります。分担が違うのです。

5　家庭の中で気をつけたい言動

親子関係7カ国比較調査結果（平成5年）

単位は%

	日本	アメリカ	中国	韓国	トルコ	キプロス	ポーランド
父との心理的距離	13.4	78.0	70.1	47.3	85.5	86.8	65.3
母との心理的距離	25.1	80.5	76.7	54.3	86.7	89.7	81.3
父を尊敬している	45.1	94.6	96.9	64.9	96.7	96.1	92.8
母を尊敬している	48.5	94.5	97.9	70.5	97.0	97.1	97.3

（産経新聞　平成11年5月20日　※心理的距離は「近い」とされた割合）

生まれた子どもは、自然に母親に愛情を感じます。そして父親には尊敬を感じるのです。子どもは常に、父親を「敬」の対象と見ています。その反作用として、父親に敬されたい、重んじられたいと願っています。人として生まれてきて、他の人から敬われたい、重んじられたいと願わない人はいないでしょう。それが人の道であるからです。

その願いを子どもは、両親に向けます。特に父親に向けます。それは子どもに、母親以上に、父親にも目をかけてもらいたいと願う心があるからです。

だから、父親が教育に無関心であってはなりません。子どもはいつも父親に目を向けていて、父親のひと言、一つのしぐさが子どもに大きな影響を持つことを知らなくてはいけないのです。

父親は、仕事から帰ったら、妻に声をかけるより先に子どもに目を向け、「ただいま」と言ってあげるのがよいのです。

すると子どもは、「お父さんはまず自分に目を向けてくれた」と思って、父親に対する深い愛と敬の念を育てます。

ですから、家庭教育でいちばん大切なのは、まず一家の長である父親に家族の「敬」が示されることです。父親に「敬」が示されている家庭の子どもは、心が正しく素直に育ちます。

父親が家庭で敬されるためには、父親が敬されるに足る生き方を示さなくてはなりません。父親が尊敬されるべき内容を持たなければなりません。

人間は理想に向かって少しでも進歩向上しようという心の働きを持っています。するとそこには必ず「敬」の心が働きます。周りの人から学ぼうとする心が働きます。「敬」があるために、人は人間となるのです。

ところが、子どもが育つ家庭の中に「敬」がないと、子どもの心に道義心がうまく育ちません。

道義心とは人間の最も根源的なもので、人に敬われたい、重んじられたいという心の働きです。

この心があるから、人は道を外れず、正しい道を歩もうとします。「敬」は高次な心の働きであって、動物にはない人間の心の働きです。この心が働く時、人を大切にし、人の生命を重んじる心が働くのです。

昔は、父親は何も言わなくてもただそこにいるだけで教育がうまくいきました。父親の権威や存在感があったからです。しかし今は、そんな父親はいません。そのうちに父親の存在感などなくてもかまわないと、母と子だけの関係で子育てが進められるようになってしまいました。

しかし、本来は、父親が何も言わなくてもそこにどっしりといるだけで家庭がうまく治まっている、これが素晴らしい子育てなのです。

父親がこまごま、こまごまと手を出せということとは違うのです。父親が家庭の大黒柱として存在し、子どもに敬されるに足る権威を持っているならば、子どもが非行に走ることはないのです。

そのためには、お母さんが子どもの父親であるご主人をまず立てなければいけません。ところが、ご主人を対等に思っているだけならいいのですが、下に思っているというケースすらあります。

母親が「うちのお父さんみたいになったらだめよ」などと子どもに言っていたら、その家庭では子どもがうまく育ちません。家庭に「敬」がないので、子どもの心に清らかで、素直な道義心が育っていかないのです。どうかお父さんを立ててください。そうすれば必ず子育てはうまくいくものです。

6 テレビより会話

二十五ページの表は、子どもと両親の人間関係の近さ（深さ）および子どもが両親を尊敬している度合いを示すものです。

日本の子ども達は、外国の子ども達に比べて、親子関係が希薄になっていることがこの表からわかります。親子関係が希薄になると、人間のいちばん基本的な関係が希薄なわけですから、子ども達同士の友人関係も希薄になります。

親が子どもと関わることが少なく、会話が途絶え、子どもがテレビを見て過ごすことが多くなり、それが人間関係を壊しています。

また、文部省（現文部科学省）は平成十一年の十月から十二月にかけて、日・米・

英・韓・独の五カ国の首都などの、小学五年と中学二年にあたる子どもを対象に、友人関係について調査し、各国で約八百〜二千三百人から回答を得ました。

その五カ国の比較調査の結果によると、日本の子どもが最も友人関係が希薄で、「友人がいじめをしているのを見て、いけないことだと注意する」「友達の喧嘩をやめさせる」「困っている友達の相談にのってあげる」などすべての項目で、「はい」と答えた割合がいずれも最下位でした。

一方、一日三時間以上テレビを見ている子どもは、四七パーセントと五カ国中最高でした。

日本の子ども達をおかしくしているの

は、日本の家庭の親達であり、家庭が知らずに人間関係を希薄にし、非行の芽を育てているという反省がなければいけないと思います。

7 「他の子に負けるな」ではなく「自分に負けるな」と教えよう

学級崩壊が新聞やテレビで大きな話題となり、教育の行き詰まりが感じられる今ほど、父親の出番が求められている時代はありません。母親も、子育ての苦労を少しでも父親に分け持ってほしいと願っています。

子どもが非行に走る、登校拒否をする、いじめをするといった問題行動を起こしている場合、父親が子育てに参加していない、母親に任せて子育てに関わろうとしないというケースがほとんどです。

子ども達は親の愛に飢えて非行に走るのです。愛が満たされない、寂しい思いから、その心の寂しさを埋めるために子どもは非行に走ります。

A・S・ニイルは「問題の子どもは問題の家庭から生まれる」としていますが、父親が子育てに全く関わろうとしないのは問題なのです。

父親がしっかり幼児の頃から子育てに関われば、子どもの非行問題はほとんど起こらないと力強く言うことができます。

父親がそのことを理解して、ちょっと手を貸してくださるだけで、子育てがとてもスムーズにいくのです。

母親の目、子育てへの関わり方と、父親の目、父親の子育てへの関わり方は違います。

母親は、ついわが子を他の子と比較して、負けないようにと教えがちになってしまいますが、父親は「他の子に負けるな」ではなく、「自分に負けるな」と教えます。

父親がそのようにひと言アドバイスするだけで、子どもはそれを大きく受け止め、自分の性格づくりに大きく役立てるのです。

父親にはそんな力や役割があるのです。

また母親は、毎日の子育てで、つい日常的なことに追われています。これに対して父親は、一歩距離を置いて、違う立場から子どもを見ることができます。

子育てにはそれぞれの分担があるのです。父親の役割は、言ってみればオーケストラの指揮者の役割だといえるでしょう。

父親が子育てを母親任せにして、すべての責任を母親にとらせ、結果が悪いと、「お前が悪い」と母親を責め、協力的でないのは困ります。

母親はそのためにストレスをためこみます。するとそれがもとで母子関係が悪くなり、子どもが落ち着きのない子に育つという図式になってしまいます。

子育ては夫婦仲が良いのが一番です。父親が教育に関心を持ってくれて、母親の相談にのってくれると、母親はリラックスします。すると母子の関係もよくなります。

母子のギクシャクは、実は父親と母親のギクシャクが原因であることが多いのです。

父親がときどき子どもと触れ合って子どもの発達を助け、母親を支え、「君は良い母親だ。よくやってるよ」と心の支えになってあげることが大切です。

8 マイナス言葉、マイナス感情を捨てる

この子は遅れている、何の才能もない、取り柄がないと親が見ると、その通りに

しか育たないのです。親は知らずに子どもにマイナスの思いで、マイナスの言葉をかけて育てています。

これを切り替えてくださるとよいのです。だめな子は一人もいないのです。どの子も本来素晴らしい心の働きを与えられています。

心の本来の働きは、思ったことを実現するという働きです。思った通りに才能を発揮することができます。しかし、これは奥の心（潜在意識の心）の働きです。奥の心が働かないと、使うことができません。

子どもは本来素晴らしい心の働きが与えられているのに、母親のマイナスの言葉、マイナスの心の思いで、うまく自分の奥の心を使えないでいるのです。

親のプラスの思いが子どもを変えます。人間は肉体の世界よりも、心の世界で生きているものです。心が肉体に影響を与えるのです。

例えば、毎日我慢して嫌な生活を送っていると、大脳は葛藤して疲れます。すると間脳に反映して、自律神経系の働きや内分泌系の働きを悪くします。副腎皮質ホルモンの分泌が悪くなり、スタミナがなくなります。

逆に、明るく暮らしていると、副腎皮質ホルモンがよく分泌され、これが血管や内臓器官に入って、これらの器官の働きを良くし、スタミナを旺盛にします。

このように、心の思い一つで肉体は変化するのです。これは人間が簡単に変えられることを意味します。母親の心の思い一つ、子どもにかける言葉一つで子どもは変わります。本来の素晴らしい才能を引き出すことができるのです。ですから、子育てにあたっては、子どもをマイナスに見ることをまずやめましょう。

第2章 勉強できる子

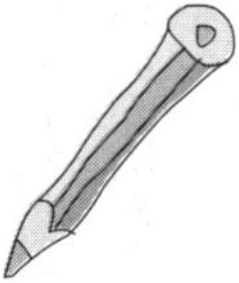

9 「勉強する3つの目的」を教える

今、日本の大多数の家庭では、子育てに目標を失った状態にあると思います。しかし、他の国ではみんな子育てに目標を持っています。自分が立派に育って世の中をよくするのだという、そういう思いをきちんと子どもに植えつけるように育てているのです。

例えばキリスト教を宗教とする国なら、子どもは毎週教会に行って、どういうふうに育たなくてはならないかを学びます。しかし、日本はそれがありません。つまり、子どもの側からいえば、何のために勉強しなければならないのか明確なものがなく、学ぶ目標がなくなっています。

ですから日本の大学生に学ぶ目標を聞いても、何も答えられない学生が大半です。ただ大学に入学することが目標で、あとは遊ぶばかりになってしまうわけです。

ですから、親は子育てをしていく上で、子どもになぜ勉強をするのか、まずその目的を教えないといけないのです。

学問はなぜ大切なのでしょう。学問には自分を変え、世の中を変える力がありま す。学問をすることで、昔の言葉ですが、「修己治人《しゅうこちじん》」を目指すことが大切です。「修己治人」とは、孔子の思想に発するもので、人格を磨いて人間的向上をはかれば、自らを豊かにし、人を指導することもできるし、政治その他に関わって世の中の役に立つ人間になることができるという意味です。

勉強する目的は三つあります。

一番目は、学ぶことによって自分が成長する、自分の成長のために学ぶ、成長するのが楽しいから学ぶ、ということです。だんだんいろいろなことができるようになって成長していく、進歩していく、そのために学ぶということです。

二番目は、人生で成功するために学ぶ、ということです。何か目標があってそしてそれをやり遂げる、その目標をやり遂げることが成功です。お金儲けをするのが成功ではありません。自分が何かしようとする、それをしようとしてうまくやり遂げるためには学ばなくてはいけません。だから自分の目標を達成するため、成功するために学ぶのだと教えてあげるのです。

三番目は、これがいちばん大切なことですが、大きくなって世の中に貢献するために学ぶ、ということです。世の中に役立つ仕事をするために学ぶのだよ、今学んだことを、あなたが大きくなって世の中に役立てなさいと、子どもに教えなくてはいけないのです。

こういったことについて、ユダヤ教徒の家庭ではしっかりした教育がなされています。ユダヤ教徒の家庭ではお父さんが子育てにきちんと関わらないと父親失格だといわれるのですが、子どもの三歳の誕生日にお父さんがまず甘いもの（はちみつのような飴玉）を用意しておくそうです。そして「これをなめなさい。甘いだろう、今日からおまえはね、大人の仲間入りをしてお勉強をする、お勉強はこの飴玉みたいに甘いんだよ」と言って、子どもにあげるのだそうです。

普通は勉強は苦いものと教えがちなものですが、そうではなくて、この飴のように楽しく甘いものだと教えるのです。

そして、「何のために勉強するかというと、おまえがこれから学んで自分を高めていって、その力でおまえが世の中を変えていくんだよ。学問というのは世の中を変える力がある。それをおまえが今から学んで、大きくなったらその学問の力で世の中をおまえが変えていくんだよ」と話すのだそうです。

学問を学んで世の中を良くしていくということを、子ども一人ひとりに、三歳の誕生日から教えるのです。

ユダヤの教育は、祈りと歌と物語で教えるといいます。祈りにどういうものがあるかというと、毎朝目を覚ました時に「神様、今日も私と世界を返してくださってありがとうございます。私は今日も一日、私とこの世界を良くするために学び続けます。そして世の中に貢献するために学びます」と祈るそうです。

このように、毎日何のために学ぶかということが祈りの言葉の中に入っているのです。三歳の頃から、自分達が学ぶことで世の中を良くしていくのだということを、祈りの言葉を通して理解していきます。

日本ではユダヤ教徒の子ども達が唱えるような祈りの言葉がありませんが、目先の子育てに終わらせないようにするには、子どもに早くから何のために学ぶのかということを教えることが大切です。

10 「親と子どもは対等」と勘違いしない

学級崩壊が新聞やテレビで大きな話題になり、教育の行き詰まりが問題にされるようになってきました。小学校に上がって、先生の言うことを聞かない、勝手なことをするという子どもが増えてきたのです。その様子は「学校経営上の諸問題」（全国連合小学校長会）という調査に明らかです。

この調査によると、全国五百四十七校のうち、学級崩壊の状態にあると答えた学校は、八十四校で全体の約一五パーセントでした。授業が成立しない状態の具体的な内容は次の通りです。

・教師が注意しても私語をやめない……六十八校
・勝手な行動をしたり、教科書を開かない……六十三校
・授業中席を離れて勝手に歩く……六十三校

重複回答あり

教室に一人、二人そういう子がいるというのであれば、教師はまだなんとか授業ができます。しかしそれがクラスの七、八割の子どもに広がっているとなると、もうお手上げです。

それればかりではありません。最近は、十五歳、十六歳、十七歳といった年頃の思春期の子ども達による、悪質な少年犯罪の増加といった問題も、大きく浮上してきています。どうしてこのような状況になってしまったのでしょう。

医学博士の今村栄三郎氏の『「勉強ぎらい病」の治し方』（日本教文社）という本の中に、今の非行問題について触れたところがあります。学級崩壊というのはどうして起こっているのか、本当の原因は何なのかということをお医者さんの立場で書かれています。

今村氏は学級崩壊について、

「世間では、親のしつけがなってない、教師の指導力に問題がある、さらに生徒の不幸な生い立ちや家庭環境が悪いから……というように、さまざまな見方がありま す。

しかし、こういう異様と思える児童の行動パターンも、医学的な精神病理として見ると、不登校や家庭内暴力、あるいは大人の出社拒否、自宅引きこもり症と共通の病巣からでていることがわかります。つまり『集団生活不適応症候群』とでも呼ぶべき病状です」

と記しています。つまり、これは病気の状態だと言っているのです。

「集団生活不適応症候群」です。集団生活になじめない子ども達がいっぱい育っているというのです。あるいはそれが大きくなると出社拒否になってしまって、会社に行けないとか、家の中にずっと引きこもっている状態になります。今は四十代の人でも家の中にずっと引きこもっていて外に出て行けないという方が結構いるようです。

では、なぜ集団生活になじめない子どもが出て来たのでしょうか。

今村氏は、そのような子どもが育った原因として、次の二つの間違った子育て指針を挙げています。

①子どもには、大人の論理を押しつけるのではなく、子どもの目線で対処すること

②大人と子どもは対等の立場にあること

これらの指針は、とてもいい指針であるかのように聞こえます。あまり大人の論理を押しつけて、子どもを抑え過ぎるのは、間違っている、子どもと同じ目線で、対等に子どもの人権を認めて接してあげることが大切……とてもいいことを述べているように聞こえますね。

このような考え方は、戦後になって大きく取り上げられるようになりました。戦争に負けて、今までの教育はすべて間違っていたということになり、教育の中心である「道徳」が忘れ去られてしまい、子どもが小さい頃から厳しく育てるという風潮はすっかりなくなってしまいました。

11 「いけない」と言わなければいけない

それに代わって、子どもに教え込んではいけない、自由発想を大切にしよう、そのスローガンのもと、保育園や幼稚園、学校において、「子ども達を教えてはいけない、子ども達から出てくるものを大切にしよう」という教育がなされるようになったのです。

この流れに沿って、「わが家では子どもに『いけない』ということは一切言いません」と、胸を張って言う家庭が増えてきました。そして、大人と子どもの立場は同じだ、お父さんが子どもの友達にならなくてはいけないと、従来の親の立場で子どもをしつけるということを放棄してしまったのです。

しかし、このような子育て指針を取り入れたことで、逆に過保護となってしまい、子ども達は結果としては苦しいところに追い込まれてしまいます。

人を傷つける、人に迷惑をかける行為などは見過ごしにしてはいけません。これらの基本的しつけまで放棄してしまうと、善悪の判断が全くつかない子どもが育ってしまいます。しつけとは社会的な基本ルールが守れるように育て、子どもをわがままに育てないということです。

子どもの言うことを全部受け入れてあげて、何でも言うことを聞いてあげて育てると、自分のすることはなんでも正しいというわがままな王子様を育てる、王女様を育てる、という子育てになってしまいます。その結果、自分の言うことは何でも通ってしまうと思い込む子どもが育ってしまうわけです。

そうなると、もう親と子の関係が友達同士なのですから、学校での先生との関係も対等ということになってしまい、先生の言うことなんかもう聞かなくてもいい、ということになってしまいます。それはうまくいけば理想的なのでしょうが、現実はそうはいきません。

今村氏は、前掲書で「友人関係からハミだす生徒がでてきます。兄弟ゲンカや友だちゲンカは日常茶飯事です。友だち先生はいずれ破綻します。普通の子が突然キレる。女性教師に、『うるせぇ、くそババァ』とがなりたてながら、青白い顔でぐっとにらみつける。ナイフで刺された教諭もいる。死の恐怖が一瞬、脳裏をよぎる。『教育上の注意を少ししただけなのに、なぜあんなに狂暴化するのか?』それは理性を育てる家庭教育が不十分だったからです。注意されたり、叱られたりすることに免疫がない子どもたちです」と記しています。問題は、ここにあるのです。

今はどこに行きましても、「私の家では子どもに『いけない』ということは言わないようにしています」という親御さんが増えています。子どものしたいようにさせています、という教育がどんどん広がっているのです。これは教育の放棄です。間違った教育が広がっているのです。

12 勉強の身に付き方を変える親の態度

「憤」の心、「やりたい」と思う気持ちを起こさせることが、勉強をさせる上ではいちばん大切です。第3章で詳しく説明しますが、「憤」とは奮い立つことです。やろうという動機を心に持たせることです。子ども自身に、自分が学びたいという気持ちがあって初めて、学んだことが身に付いていくのです。

逆に、子どもにただ一方的に勉強をしなくてはならないと押しつけるような子育てをしていたら、子どもはやる気が起きません。さらに悪いことに「自分は頭が悪い」などと子どもが思い込んでしまったりします。

子どもの勉強嫌いの原因は、何で勉強をしなければいけないのかがわからないまま何となくやらされていること、自分は頭が悪いと思い込んでいることが多いのです。

しかし、本当は頭が悪い子なんか一人もいません。記憶力が悪いとか頭が悪いという子は、本当は一人もいないのです。

ただそのように思い込まされている、そう思い込んでいるというだけのことで、本来はどの子も皆完璧で素晴らしい能力を持っているのですが、自分に対してマイナスの印象を持っているのです。ですから大切なのは、まずやりたいという気持ちを起こさせてあげることなのです。

例えば、子どもが小さな頃に英語のテープを聴かせて育てれば、バイリンガルの子に育ちます。一歳～四歳の頃に聴かせておけば育つのです。

しかし、一歳、二歳の頃はまだ自我というものが出ていないので、テープを鳴らしてさえおけば自然に耳に入ってしまいますが、四歳、五歳になってから、子ども用の教材を買って来て、「はい、今日からこのテープを聴くのよ」と聴かせても、「なんでそんな変な言葉を聴かなきゃならないのか」と、子どもはもう嫌がります。嫌がる子どもにそれを無理に聴かせ続けたとしても、絶対にバイリンガルには育ち

ません。

　ではどうすればいいかというと、子ども用の楽しい教材を買ってきたら、「○○ちゃん、これはお父さんとお母さんが楽しんで聴くんだから、あなたは聴かなくてよろしい」と言って、一週間でも二週間でもお父さんとお母さんがそれを聴いて楽しむのです。

　すると、子どもは聴きたくてたまらなくなります。「それは子どもの教材だ、僕にくれ。僕に聴かせてくれ」と言ってきます。こうなったらしめたものです。「そんなに聴きたいか。そんなに欲しいか。だったらあなたにあげるから聴きなさい。一日十五分だけ聴けばいいよ」というようにして子どもに与えるようにすると、子どものやりたいという気持ちをうまく引き出して与えることができ、立派なバイリンガルに育つのです。

同じものを与えるのでも与え方が肝心で、嫌々やるようでは絶対に身に付かないというわけです。ところが自分がしたくて、もう聴きたくて、放っておいても自分でテープを聴いているというようになれば、否応《いやおう》なしに才能として育っていくのです。

その他の習いごとでも同様です。例えばピアノを習わせるのでも、「今日からピアノ教室に行くのよ。四歳になったら皆ピアノを習うんだから」というような与え方をしたら、子どもは嫌々取り組むようになり、習ったことが一つも才能として育たないのです。

それよりも、子どもと同じくらいの年頃の子が演奏する発表会などに連れていって、「あんな小さな子があんなに上手に弾いているのだから、私もやりたい」という気持ちを起こさせてあげれば、身に付き方が全く違ってきます。

また、子どもが「僕、幼稚園なんか行きたくない、お家にずっといたい」と言うような時にも、子どもが自分から行きたいと思うように、親が作戦を立てればよいのです。

仮に上の子がいるとします。そうしたら上の子が幼稚園で習っていることを、お父さん、お母さんと上の子がするのです。折り紙や工作など、いろいろ幼稚園で習う楽しいことを楽しんで見せるわけです。

そうして「僕にも教えて、僕も仲間に入れて」と子どもが言ってきたら、「だめ、これは幼稚園に行って習ったことだからね、幼稚園に行かないと習えないの」と言うのです。そうすると、翌日の朝にはちゃんと着替えて、幼稚園の鞄を持って「幼稚園に行く」と言い出します。

このように、自分で行きたいとかやりたいという気持ちを上手に起こさせるということが大切です。それをやらないで、親が一方的に子どもに与える、無理やりさせる、という教育はあまり効果がありません。

13 勉強したがらない子も〝やまびこ法〟で変身

ここで、勉強嫌いな子どものやる気を上手に引き出すコツを、実際にあった例を引いて紹介したいと思います。

ある年の夏休みのことです。小学一年生の男の子が、私の教え子が先生をしている幼児教室に入ってきました。その子は学校で先生の言うことを全然聞かない子で、きちんと机に座って勉強するということが習慣として身に付いていませんでした。

わがままな子で、何も学ぼうとしないので、おじいさんはこの子のことをいちばんバカだと言っていたそうです。

お母さんは、その子がしたい勝手をして全然勉強しようとしないので、お手上げ状態でした。それで、何とかしてわが子をしっかり学ぶように変えたいという思いで、私どもの教室に連れて来られたのです。

子どもの方は、勉強をさせられるために教室に連れて来られたということをよくわかっていました。しかし、勉強はしたくないので、「僕、勉強なんかしたくない」と、そこに寝転がってしまいました。

それを見たお母さんは、「だめ、いけません」と言ったのですが、「だめ、いけません」で接すると、だめ反応しか出て来ません。

これはぜひ覚えておいてほしいのですが、否定は否定を呼び、肯定は肯定を呼びます。否定的な言葉で接すると否定的な反応しか返ってこないのです。肯定すると肯定的な反応が返ってきます。

そこで先生は、お母さんに「私達に任せてください」と言いました。そして、山びこ法で、少しずつ子どもの心を変えていったのです。

山びこ法とはなんでしょう。「ヤッホー」と言ったら、「ヤッホー」と返ってくるのが、山びこです。まず子どもの言ったことをそのまま山びこで返し、肯定し、プラス質問を一つ付け加えるのです。

「僕勉強なんかしたくないもんね」と子どもがひっくり返ったら、先生は「そう、僕勉強なんかしたくないの」と山びこで返すのです。そして、プラス質問を一つ付け加えます。「じゃあ何がしたいの?」と、質問をくっつけるのです。すると子どもは「遊びたい」と言います。

そうしたらまた山びこ法で、「そう、遊びたいの、どんな遊びがしたいの?」と、質問を一つくっつけるのです。「どんな遊びがしたいの?」と聞かれると、これは子どもも考えないわけにはいきません。すると、ポケットからカードを出して「これで遊びたい」と言います。

「そう、それで遊びたいの。どんな遊びをするの?」と、子どもが出したカードを見ますと、それがポケモンカードです。

子どもはポケモンカードをいっぱい集めて持っていました。見ると三十点、百二十点など、それぞれのカードに点数が書いてあります。そのカードを配って、点数の大きいカードを出した方が少ない方のカードをもらう遊びがしたいと言います。先生は「あ、面白いね。それじゃそれをしましょ」と、まずは肯定をして、子どもの言うことを受け入れてあげます。

「その場にカードを出していって、点数の大きいカードを出した方が勝ち」。子どもはいちばん好きなことならちゃんと、頭を働かせてルールの説明をするんですね。お母さんは、「この子はルールもわからなければ人のルールにも従えない、本当に困った子です」と言っていたのですが、こうやって子どもが自分でルールを考えて説明をするのです。

14 譲る心や考えることは、遊びの中で教える

「じゃあその遊びをしましょう」と、先生はカードを配ってあげました。そして、子どもが点数の大きいカードを出して、先生が小さいカードを出したら、子どもが

カードを取っていきます。

しかし逆に、先生が大きいカードを出して子どものカードを取ろうとすると、「先生、大きいカード出したらだめ、僕小さいから大きいカード出す」と子どもが言うのです。

これは、変なルールです。自分がちゃんと勝つように子どもが考えているのです。

ですが、先生が「そんな変なルールはあるか」と否定したら、そこでおしまいになるので、「そう、面白いルールね。それでやりましょ」と言って、先生はどんどんどんどん負けてあげるのです。

すると子どもが一方的に勝っていきます。そこで先生が、「私にもたまには勝たせてね」と言うと、子どもは勝つばかりではつまらないので「うん、いいよ」と、自分のカードを見ながら譲ることを覚えていきます。「もう一枚勝たせてね」「うん、いいよ」という中で、譲ることを覚えていくわけです。

結局は子どもが勝ちます。子どもは「面白かった」と喜びます。先生も一緒になって「面白かったね」と喜んであげます。そして「もう一度しようか」「うん」と子どもがのってきたら、「じゃあね、今度はさっきと違うルールを考えることができる？ 僕は考えることが上手だから考えられるでしょ」と言います。

「考えることが上手」とそこで子どもにインプットして、「違うルールを考えて」と言うと、「うんとね」と、また考え始めるわけです。

またカードを配って、「今度はどんなルール？」と聞いたら、子どもは「カードを順番に出していって早くなくした方が勝ち」と言います。

先生は「そう。さっきのルールと違うのね、よく考えたね。面白そう、それでしましょう」と言ってやります。そして「どっちが先にするか」と聞くと、「じゃんけんで決める」と言います。

じゃんけんをしたら、先生が勝ちました。同じ枚数のカードを配っているので、先に出す方が先になくなる理屈です。「私が先に出していいの？」と先生が心配して言うと、「いいよ」と子どもが言います。そして始まったのですが、そのうちに子どもが二枚一度に出すのです。

「あら、二枚一度に出してもいいの？」と先生が聞くと、「うん、僕は小さいから二枚出してもいい、先生はだめ」と言って、また面白いルールなのです。自分が勝つように考えているのです。

「そう、面白いルールね」と、またその子どものルールでやっていくと、子どものカードがどんどん減っていきます。「先生にもたまには二枚出させて」と言うと、「うん、いいよ」と、また譲るのです。

このようにして、ルールを考えさせる、ルールに従ってしていく、譲ることを教えるというようなことをそこで導き出しているわけです。おまけに「考えることが上手」と、子どもの心に入れているわけです。こうして、子どもはどんどん勉強ができる態勢に近づいていきます。

15　子どもの目標に耳をかたむける

そうやって楽しく遊んであげるのですが、永遠にそのお遊びを続けていてはいけません。大切なのは次です。

「僕ね、大きくなったら何になりたいの？」と目標を聞いてあげるのです。すると子どもは考えて、「うんとね、僕野球の選手になりたい」と言いました。その時の夢でいいのです。その時の夢でいいから、なりたいものを聞いてあげます。そして、そのなりたいものになるためにはこれをしなくてはならない、これを我慢しなくてはいけないということを教えていけばいいのです。

「そう、野球の選手になりたいの。野球の選手はピッチャーもキャッチャーもあるけど、何になりたいの？」と、また山びこ法で聞きます。

「うんとね、僕打つ人になりたい」「そう、バッターになりたいの。バッターはバッターボックスに入って、ピッチャーが投げる球を選んで打たなくちゃいけない。そのためには集中力が必要よ」と、集中力が必要なことを教えるわけです。「それがなければすぐれたバッターになれない、だから集中力を育てましょうね」と言って、「集中力を育てたいか」と聞くと、子どもは「育てたい」と言います。

「じゃあ、そこに座りなさい、このプリントをすると集中力が育つ」と言って、その子は一年生なのですが、三歳、四歳用のやさしいプリントを持って来ますと、子どもはそれをやれば自分がなりたいバッターに必要な集中力が育てられるというので、座ってやり始めます。

そして、「わ、すごいね。簡単にやっちゃったね。これパーフェクト、はい百点」などと言って、次々にプリントを与えていくと、「こんなの簡単簡単」と言いながら、たちまちのうちに子どもが十枚ぐらい簡単にやってしまうのです。五分くらいすーっとやってしまうわけです。

しかし、もともとじっと座って勉強することが嫌いな子なので、「やーめた」と言ってまた動き出します。それをだめと言わずに、「じゃ何がしたいの？」「もう遊びたい」「じゃあそこに遊び道具があるから持ってきて」と言って、受け入れるわけです。

またそういうふうに遊んであげて、「僕やっぱりバッターになりたいんだったらね、集中力が大切だよね、集中力を育てるためにしましょ」と言って、また座らせてプリントをさせます。そうすると初日に二、三回座って、プリントを十数枚やっているわけです。

結局、この男の子は初めてこの教室に来たのに、ちゃんと座ってプリントを十数枚仕上げてしまいました。しかもここでは先生に一回も叱られず、受け入れられ、しかも考える力があるとほめられ、することができるといってほめられ、そして集中してやったといってほめられ、すっかり気持ちがいいので、子どもは「こういうところだったら明日も来る」と言ったそうです。

この例のように、叱らずに上手に自分の気持ちを満たしてくれ、自分を認め、ほめ、愛してくれる人に対しては、子どもは一〇〇パーセント心を開いて素直になります。ここで紹介した山びこ法はぜひ覚え、家庭で取り入れていただきたいと思います。

16 手をかけ、言葉をかけ、愛情をかけて0歳から教育

〇歳から幼児に教育を与える目標は、幼児が生来持っている高い素質をできるだけ損なわない形で、定着させることにあります。

すべての生物は誕生直後に、異端的といわれるほどの著しい成長発達時期があります。例えばネズミでは生後三十日間がその目覚ましい成長発達期だといわれ、この時期に良い刺激を受けたネズミは賢く育ち、そうでないネズミは劣ったネズミに育つことがわかっています。

小動物では、そのように、短い成長発達期（臨界期といいます）ですが、人間の場合は、〇歳から六歳までの間が臨界期です。

普通、人々は生まれたばかりの赤ちゃんにはほとんど何の能力もなく、頭脳の働きはゼロであるから、一つ一つ教えていって、知識をつみあげさせていくのが教育であるというように考えていますが、全く逆に考えなくてはいけないのです。赤ち

ゃんは、人間の生涯のうちで、最も高い素質、潜在的能力に恵まれているのです。

ところが奇妙なことに、この天才的な素質は、発現の機会を与えられないと、急速に減じていってしまいます。これを「才能消滅の原理」、あるいは「才能逓減《ていげん》の法則」といいます。逓減とは、「だんだん少なくなっていくこと」です。

ワシントン大学のパトリシア・クールは聴覚について研究していて、「満一歳までに何度も耳にしなかった音は聞き取れなくなる」と言っています。

言葉を赤ちゃんの時から豊かに聞いて育った場合と、そうでない場合を比較すると、二歳で差が大きく開くのです。三歳、四歳とさらに大きく開いていき、後からでは取り戻すのが難しくなります。

この例からもわかるように、赤ちゃんは〇歳に近いほど素質が高く、教育を早く始めるほど、高い素質を定着させることができるのです。

一方、教育を遅らせるほど素質を低下させますから、素質を高いままで定着させることができません。この時期に、親が手をかけず遊ばせているだけだと、子どもは生来持っていたはずのすぐれた素質を失ってしまうのです。六歳以後の教育では、素質を高めることは、非常に難しくなります。

このような才能逓減の事実があるので、親としては生まれてきた赤ちゃんの、生来高い素質を最大限にとどめてやる努力をしなければならないのです。

生まれた赤ちゃんに手をかけ、言葉をかけ、愛情をかけて育てることを知らず、赤ちゃんを放っておき、テレビを見せて育てると、言葉が育たず、自閉的に育って、学習できない子どもに育ってしまう危険性があります。

〇～三歳の時期が特に大切です。この時期に放って育てると、取り返しのつかないことになります。

〇歳からの教育は、子どもに知識を与えてやるという考えに立つのではなく、子どものすぐれた素質を損なわせずに、できるだけ最大限にとどめてやるのだ、という考え方に立たなくてはなりません。

17 早期教育は、英才教育ではないということを理解

つい最近まで、子どもの頭は幼稚で、難しいことを教えるのは無理だと考えられていました。ところが、最近の大脳生理学の発達によって、それが間違いであることが証明されました。

人間の脳は他の器官と異なり、三歳で成人の八〇パーセントが出来上がってしまうのです。脳細胞の数は百四十億くらいといわれますが、その細胞は刺激によって成長し、回路を形づくっていって、三歳までに細胞を結ぶ複雑極まる回線網がだいたい出来上がってしまいます。

幼児教育は、知識を学ばせることが主目標なのではありません。それを受け入れることができる回線網を作り上げておくことが大切なのです。

ところが、幼児教育について、テレビや新聞、雑誌の一般的論調は否定的です。小さい時から教えてはいけないという論調が圧倒的に多いのです。

ここにも現実を知らない間違った見方があります。子ども達をただ遊ばせて育てるとどうなるのでしょう。

『教育心理』（一九八六年　vol.34・No.9）に掲載された「成績不振児をつくる土壌」という調査結果によると、入学してからの成績不振児の九千八百五十七人中、九千六百六十八人、つまり九八・一パーセントの親が、就学前教育に反対の親達だったのです。

この親達は、幼児教育は子ども達の心をおかしくすると一様に考えた親達です。実際は、就学前に何もさせずにただ遊ばせたから、しつけもできておらず、基本的な学力も身に付いておらず、従ってみんなについていけない子ども達に育ってしまったのです。

どうしてこのような大切な事実が、世の中に正しい常識として広がっていかないのでしょうか。それは新聞が正しく事実を報道しようとせず、概して早期教育に反対の論調を崩さないでいるからです。むしろ遊ばせて育てた方がよいという、根拠のない教育評論家の意見の方を取り上げるからなのです。

早期教育が反対される大きな理由の一つは、早期教育＝天才教育と考えられて、幼児期に天才的に育っても、長ずるに及んでその座を保ち得ず、名もなき普通の人になってしまうことが多いと考えられて、それなら初めから何もしない方がよいと考えられてしまうのです。

早期教育とは、もともと入学してから授業についていけない困った子ども達を育てないようにしようという教育です。それを天才教育や英才教育にすり替えて考えてしまうところに問題があります。

入学時に英才児であったものが、長ずるに及んで賢くなくなるという通念は、本当に正しいのでしょうか。

アメリカでは、この点に関しての研究が過去にいくつもあります。例えばホリン

グワースとカウニッツという学者は、一九三四年に百十六名の子どもをテストし、十年後に再テストをしました。その結果は、ほとんどが最初のテストと同じ結果を示しました。入学時の高知能児達が、三十数年後、社会の重要なポストに就いているという調査結果もあります。

一九二一〜二二年にカリフォルニア州でテストの結果、高知能児として判定された約千人の子ども達について、ターマンはずっと追跡調査をしました。十年後の検査は、最初の検査と同じく平均して普通児よりも二学年進んでいました。

次の調査は二十五年目に行われました。成人になった彼らは、引き続き平均よりすぐれた性格、知能、成績を保持していました。

次の調査は三十八年後に行われました。調査結果は引き続き好成績を示しました。彼らのうち四十七名が「全米科学者名簿一九五九年版」に載りました。四十歳で出した本の数は六十七冊にのぼりました。論文数は千四百、特許件数は百五十件だったといいます。

幼児の頃に賢く育つと、大きくなって社会に適応しなくなるという考えは、全くの誤解です。

18 「学校に入ってから」より、少しずつ準備

〇歳から六歳までの就学前教育がいかに大事かということは、小学校に入ってからの子どもの学習状況を見ても明らかです。

今、学校の授業についていける子どもの比率は、小学生で三〇パーセント、中学生で一五パーセント、高校生で五パーセントといわれています。あとの子ども達は学校の授業についていけないのです。なぜでしょうか。

学校の授業の進度が非常に速くなっているからです。小学校の場合、入学すると四月中旬から五月中旬の一カ月間に、清音、濁音《だく》の読み書きはもちろん、促音《そく》（つまる音）、長音（のばす音）、拗音《よう》（小さい「や」「ゆ」「よ」が添う音）の読み書きまでも全部習います。子ども達は、一日に五文字くらいずつ覚えていかなければなりません。

指導要領では、六月にはもう主語、動詞のきちんと備わった作文が書けるようになっています。

四月に入学したばかりの子ども達が、ひと月で文字の読み書きを習い、次の月にはもう作文が上手に書けるようになるでしょうか。書けるはずがありません。書けるとしたら、幼稚園時代に、家庭と幼稚園できちんと習ったからです。

小学校入学後に勉強を始めた子ども達は、なかなか文字が覚えられません。大切な覚える時期が過ぎてしまっているからです。六歳の子どもより三歳の子どもの方がよっぽど楽に、文字を覚えてしまいます。

というのは、幼児の頃は文字が潜在意識に入り、よりすぐれた潜在意識が形づくられるからです。一方、学校に上がってからの教育は顕在意識教育になり、根が浅いのです。

基本的学力は潜在意識で学ぶ、幼児期につくられてしまう、と言っても過言ではありません。親がそれを知らずに、学校に上がるまでの幼児を遊ばせて育ててしまうと、入学した時点では素質が出来上がっていて、取り戻しが難しくなります。

子どもが大きくなるほど素質がよくなっていくのなら、遊ばせて育てておいてもよいのです。けれども実際は、ただ遊ばせて育ててしまうと、入学した時点では学習するのに難しい頭に変わってしまいます。そのために学校の高速授業についていけないので、落ちこぼれてしまうという図式になってしまいます。

ここに、朝日新聞に掲載された母親からの投稿があります。

「学校へ入学し、既に読み書きのできる子に混じったわが子の苦労は、大変なものでした。『私の子は字を教えていなかったから』と先生に言っても、若く厳しい目の先生には通用しません。できないものはそれまで。

のんびりした次男は落ちこぼれそう。同じ白紙から出発したならばあきらめもつくと、通知表の悪さに文句を言ったところ『お子さんの字を見なさい。他の子と比べて差があり過ぎますよ』とのこと。私としては、何も書けなかった子が、こんなに上手に読み書きができるようになったと喜び感謝していましたのに、情けなく口惜しく、なぜもっとしっかり教えなかったか、〇歳～六歳が大切な時だったと今でも涙がこぼれそうなほど残念に思います。

教育ママが増えてもいい。入学前の子を持つ親に私は言う。頭に入る小さなうちから教えなさいと。氏名さえ書ければなんて、とんでもない。誰も助けてはくれません。痛い目にあうのは子どもなのです。

次はある病院長の話です。

「長男は小さな頃からしっかり勉強をみてあげたので、小学校、中学校、高校と問題なく進み、大学も医学部を出て現在は医師として、十分自分の後を継いでくれるほどに育った。

ところが次男が三歳の頃、テレビである評論家が、小さな頃あまり知的なことを教えて、子どもの心を締め付けるのはよくない、のびのび育てるべきだと言うのを聴いて、長男は少し締め付け過ぎたかなと反省し、次男はこの教育評論家の言うように、のびのび育てようという教育方針に変えた。

その結果、次男は小さな頃はとても明るく利発で、とてものびのびしていたのに、学校に上がってからは成績が悪く、とても暗く、勉強しない子に育ち、人泣かせ、親泣かせの出来事を仕出かすようになった。

この時初めて、教育評論家の話をうのみにした間違いを悟ったが、もうどうしようもなかった。男の子はのびのび育てたらいい、勉強はやかましく言わない方がいいと、のびのび育てた結果は、学力不足で非行に走るようになった」

この話にあるように、のびのび教育というのは目標ではなく結果なのです。

真にのびのびしている子は、幼児期に基礎能力をきちんとつけ、小学校に上がって知的学科で一定の水準に達している子です。

のびのびさせるということは、勉強させないで遊ばせることではなく、むしろきちんとさせると、その結果素質が高く育ち、入学してから学習に困らないのびのびした子が育つのです。

19 幼児教育で難関中学にらくらく合格

〇歳から六歳までの就学前教育をしていたかどうかは、中学受験においても、大きな差となって現れます。

私どもの幼児教室で教えているT先生のもとには、幼児期に子どもを通わせてきていたお母さん方から、超難関の中学の入学試験に合格したという喜びの電話があったそうです。

一人は、名門の国立大学付属中学に入学しました。この中学は、付属の小学校から上がってくる子がほとんどで、中学から入学できる枠はほんの少しという難関校です。この中学からは東大・京大・筑波大に進む子ども達がほとんどという超名門校に、軽く合格したのです。

お母さんは、幼児教育をやっていてよかったと、感謝して電話をしてこられたのでした。

また、この教室にはこの他にも、有名私立中学や難関といわれる中学校に苦労なく入った子ども達の親から、入学したのは幼児教育のおかげと、喜びの報告が続いたということです。

このように、就学前にしっかりとした幼児教育を受けた子どもは、中学受験においても、ほとんど苦労なく突破してしまうものなのです。

幼児期に私どもの教室に通っていた子どもに、実際に受験をした感想を聞くと、受験は楽しい、問題を解くのは楽しいと言います。

難関校に合格するには、小学校一年から塾に入るなど、小学校時代にさぞかし大変な詰め込み教育が必要なのではないか、と思われがちなのですが、幼児教育を受けた子ども達にはその必要がありません。小学校ではのんびり過ごしています。それでいて、受験を乗り越える力を蓄えているのです。

受験ばかりではありません。中学に入学して以降も、他の子とは違うすぐれた才能を伸ばし続けます。

やはり私どもの幼児教室出身のYくんという子は、中学二年で、アメリカの名門校に通っています。サッカー部に入って活躍するばかりでなく、ラテン語ではトップになり、美術の先生からは、こんな子は見たことがないと、ほめられたそうです。

このように、幼児期にしっかりとした教育を受けるかどうかによって、その子の小学校時代を余裕あるものにするばかりでなく、それ以降の人生にも大きな違いが現れるものなのです。

20 0歳児への豊かな話しかけから始める文字教育

さて、赤ちゃんの時から教育をした方がよい、と先ほど述べましたが、どのように進めていけばよいのでしょうか。

生まれたばかりの赤ちゃんは、最高にすぐれた潜在意識の働きを持っています。赤ちゃんの潜在意識は、大人の質の悪い顕在意識の働きの何十倍もの働きをします。モンテッソーリは、この働きは神の創造力にも比すべきもので、大人の意識的精神力など、とうてい太刀打ちできるものではないと説いています。そのようなすぐれた潜在意識的能力で学習するので、赤ちゃんの学習は、大人の学習とは全く質の違ったものなのです。

赤ちゃんは、この潜在意識的学習で、生後間もない頃に、自分の性格、才能、行動の基本的母型を形づくってしまいます。では、基本的母型はどのような働きをするものなのでしょう。

赤ちゃんの潜在意識は、周りで話される言葉、あるいは赤ちゃんを包む環境にあるすべての印象を、頭脳の配線の中に取り込むという形でつくられていきます。赤ちゃんはこの時、周りの印象をすべて取り込みますが、例えば言葉の例を取り上げて、それに対する潜在意識の働き方を説明してみましょう。

赤ちゃんは、生まれ落ちると、周りで話される自分では全然理解できない言葉を、まず音としてしっかり記憶していきます。やがて成長して言葉がわかるようになると、潜在意識は赤ちゃん時代に取り入れた言葉を理解し、それを自分の行動の原因にしたり、才能の原因にしたりするのです。

そこで例えば次のような例があります。

ドイツのある女性が慢性の下痢に悩まされ続け、どのような医療でも治りませんでした。ところが、催眠治療を受け、年齢退行を行って、ようやくその原因がつきとめられたのです。

この女性は生後一年ばかりの時、消化器の病気をわずらい、両親は彼女の死を予想して墓地を一区画買ったほどだったといいます。その出来事を実際に思い出すように指示されると、彼女は「母親に抱かれていてとても気分が悪い」と語り、両親は泣いていて、医者が「もうとても治らんでしょう」と両親に話していると、その場をまざまざと再現してみせたのです。

彼女の母親にこの時のことを問い合わせたところ、母親の記憶とぴったり一致したということです。

この女性の顕在意識はそのような事実を少しも記憶していないのに、潜在意識はそのような幼時の事件を記憶に取り込み、彼女の無意識な行動の原因にしていたのです。

このように、赤ちゃんの潜在意識は、外からは眼に見えないところで外界からの印象を取り入れ、才能、性格、行動の基本的母型を形づくっているのです。このことを、もう少し実感としてつかんでいただくために、実例を紹介しましょう。

私の主宰する「夢そだて友の会」の会員の実例です。

普通、一般のお母さん方は、赤ちゃんが六カ月や八カ月の頃には、良い音楽を聞かせるくらいのことしか、教育として考えてやることがないと思っておられます。これは大変な考え違いです。〇歳から生後六カ月、あるいは生後一カ年といった赤ちゃんは、最高にすぐれた受容能力があり、最もすぐれた学習能力を持っています。

この時期にすぐれた働きかけをしてやるほど、高い素質、才能が生まれます。このように説明して、生後六カ月の赤ちゃんをお持ちの会員に、毎日豊かに話しかけをしてやる一方、「あいうえお」や小学一年生の間に習う漢字を書いた壁かけ文字表を送り、生後六カ月頃から毎日一、二分、少しずつ指さしては赤ちゃんに発音して聞かせることを指導しました。

さて、忠実にその指導を守って赤ちゃんの教育を進められたTさんの子どもは、一歳一カ月で「の」の字を覚え、やがて一歳八カ月になった時には、言葉が驚くほど豊富で「あいうえお」五十音はみな読み、漢字も三十ばかり読めるようになりました。

またAさんの子どもは、そのようにして育てた結果、二歳一カ月の時には、送った壁かけ文字表はみな読み、小学一年生の教科書や、私の方から送った漢字の絵本一から五までも楽に読み上げてしまっています。

これらの例と、次の例とを比較してくださる時、〇歳、一歳の時に潜在意識に働きかけることの重大さがわかると思います。

Mさんはお子さんが五歳になった時に、初めて文字教育を開始されました。ところがその子はまるで文字に興味がなく、覚える力もないし、覚えようともしないのです。そこでその子を〇歳、一歳の頃、どのように育てられたかを聞いてみると、ほとんど構ってやることもなく放っておいたと言われるのです。

このような例を比べてみると、すでに基本的配線に取り入れたものが違い、その働きに大きな差を生じていることがわかります。

〇歳からの教育で、一方の子ども達は大変高い素質を身に付け、他方の子ども達は五歳でもう低い素質に育ってしまっているのです。前者の例で、赤ちゃんが口を利かない六カ月くらいの頃に、文字を指さし、発音して聞かせたことが、文字に親しませ、基本的配線の中に文字を取り込ませ、言葉をしゃべり出してからの学習を非常にたやすくしたことがわかります。

21 ０歳から６歳までにしかできない「パターン学習」

ここで、赤ちゃんの学習の二重構造について学んでおきましょう。

赤ちゃんは赤、青といった抽象的な色から感じるようになっていくのではなく、人間の顔のような複雑な色を、そのまま全体として感じ取っていきます。

もし、赤を認知する能力ができ、次に黄、続いて青というように、ある順序に従って色を感じていくのだとすれば、人間の顔を見分けるようになるのに数年はかかるだろうといわれます。

このように赤ちゃんの外界認知のパターンは、特に〇歳～一歳の間は、単純から複雑へとたどるのではなく、単純、複雑に関係なく、刺激がくるものをそのまま認知していきます。

そこで、この時期に与える刺激は複雑なものでもいいのです。取り込む能力（受容能力）が他のどんな時期よりも大きく、最高なので、この時期にこそ最高のものを与えるようにしなくてはなりません。この時期に複雑な刺激を与えれば、それに応じて複雑な回路ができます。

ただし、あまりに強烈すぎる刺激はいけないこと、繰り返しの刺激でなければよい回路が育たないことを熟知していてください。

しかし、赤ちゃんが物を認知するのは、そのようなパターン認知によるだけではありません。例えば赤ちゃんが言葉を覚えるのは、パターン学習だけではなく、周りの一つ一つの単語を拾って覚える一面があるのです。パターン学習だけに頼っては、赤ちゃんの言葉は決して目覚ましい進歩はしません。

そこで、赤ちゃんには複雑な話しかけをしてやる一方、赤ちゃんの身近な単語を一つ一つ繰り返して与えることが非常に大切なのです。

赤ちゃんは別に言葉を教えなくとも、満一歳前後には話すようになる、というのが今までののんきな考え方でした（つまり、赤ちゃんのすぐれたパターン学習のみに頼っていたのです）。

しかし、最近の実験観察で、赤ちゃんが豊富な言葉を聞かされて育つほど、発語が早く、言葉の内容がしっかりしてくるとようやくわかって来たようです。こんな当たり前のことがまだまだ一般には知られていないのです。

赤ちゃんが一つの言葉を覚えるには、何千回となくその言葉を繰り返してやらなくてはならないかもしれません。しかし次の言葉を覚えるのには、その何十分の一という努力ですみます。さらにその次の刺激には、もっと早く反応できるようになります。そのための反応回路が出来上がっているからです。

回路が早くできるほど、その回路は立派なものになります。けれども遅くから始めたのでは、決してすぐれた回路にはなりません。それはどうしてなのでしょう。

赤ちゃんの脳細胞は、生まれた時は互いに何の連絡もなく働けないのです。生まれてから、周囲の刺激を受けることによって、脳細胞間は次第に連絡を生じます。この際繰り返しが大切で、繰り返しを行うと細胞と細胞の連絡部が大きくなり、刺激が楽に伝わる回路ができます。刺激が乏しければ、つまり環境が貧しければ、脳細胞は貧弱な発達しかせず、回路の働きが悪いのです。

こうして六歳頃までに回路が出来上がります。出来上がった回路はもはややり直しがききません。六歳頃になっていくら良い学習を与えても、もう回路を組み替えることはできず、刺激の楽に伝わる良い回路に育てる余地は残されていないのです。

こうして〇歳からの教育によってすぐれた回路が開かれ、幼児の能力が加速的に進むと、常にそれに合った刺激が用意されていなくてはなりません。そうでないと進歩はなく、停滞します。適切な学習を考えてやることで、幼児の能力は強化され、脳細胞には活発に優秀な回路がつくられ、かつ複雑な組み合わせができます。

このようにして二歳、三歳頃からバイオリン教育を受けた子が、芸大生が四年間かかってもなかなか身に付けられないようなものを楽々と身に付けます。

〇歳からの教育を受けた赤ちゃんは、非常にすぐれた回路が脳細胞の中にあるので、質の高いことを楽にこなすのです。生まれた時から話しかけられて育ったストーナー夫人の子が九歳で大学に入学し、十二歳で大学卒業生並みの知性を身に付けていると評されるまでに育ったという例もあります。

赤ちゃんのみが持ち、大人にはもうないパターン学習能力は、次のような働きをすると考えられます。

赤ちゃんは、与えられた刺激を、すぐれたパターン学習能力により、脳細胞の中に記録していきます。それは赤ちゃんの不思議な感受性によって記録され、外面には現れないまま、赤ちゃん自身は少しも意識しない無意識の中に定着していきます。それは詳細に至るまで、あますところなく写真のフィルムのように記録されていきます。

これが才能として、あるいは性格として、子どもの行動の原因として現れ始めるのは、三歳をすぎ、思考能力の発達期に入ってからです。

例えば言語の場合、三歳をすぎると急に言葉が増え、難しい言葉を自由に、あやまりなくしゃべるようになります。それは無意識の時代に獲得されたパターン学習による獲得が基盤になっていることは疑いのないところです。それは、その子の言葉を特徴づけるばかりでなく、日本人としての言語、音声、つまり国民性を特徴づけるものになります。

22 パターン学習の成果が「才能」になる

赤ちゃんの潜在能力が頭脳の配線の中に印象を取り入れる、このような学習の仕方を、「パターン学習」といいます。

この学習の仕方は、頭の出来上がった大人の学習の仕方とは全く違っています。

赤ちゃんは外界からの印象を、一つ一つ理解しながら頭の中に知識として取り入れていくのではありません。頭の中に入る事柄が、難易を問わず、脳の基本的配線の中に組み込まれていくのです。この学習の仕方は難易を問いませんので、この時期に高度なものを取り入れるほど、それはやがて天才的才能として出てきます。

赤ちゃんは実はこのような学習の能力で、生後数カ月の間に、例えば両親の行動などもパターンとして頭脳の中に刻み込んでしまいます。それが後年、父親、母親と同じ年頃になった時に、すっかり同じくせ、趣味、傾向となって出てくるという働きを示します。そういうわけで、性格的に遺伝と考えられる大部分のものも、実はこの時期に学習されてしまうものなのです。

赤ちゃんの潜在意識によるこのパターン学習の能力は、〇歳に近いほど高く、およそ六歳の頃まではこの学習能力があります。

幼児はこのパターン学習の能力の高さで、例えば毎日お父さんが打っている碁を見ていて、その布石を頭の配線の中に取り込み、非常に高い才能として身に付けてしまいます。大人になってからでは、単に知識としてしか入らず、記憶だけの力に頼って覚えるのでなかなか身に付かないのに、赤ちゃんの目で見る碁は理屈なしに脳の配線の中に記録され、それが潜在意識的能力として働き、天才的な才能として外に現れるのです。

九期連続という本因坊在位の記録をつくった高川秀格《たかがわしゅうかく》名誉本因坊は、ソニー元会長井深大《いぶかまさる》氏との対談で次のように言っていました。

高川さんは三歳の時に碁を覚えたそうです。それも強制的に教え込まれたのではなく、父親が、近所の人と碁を打っているのを、毎日そばに来ては座って見ていたのです。そこで初段の父親が、この子は碁を打てるのではないかと思い、ためしに井目《せいもく》のハンディをつけて打ってみたところ、たちまち父親の方が負けてしまったということです。

※井目…囲碁で、対戦する両者の間に相当の力の差がある時、下手《したて》があらかじめ基盤上の九つの黒い点に石を置くこと。

23 知能の発達の順序を知った働きかけ①

それでは、実際に〇歳教育をしていくにあたって、どのようなことに注意して進めていけばよいでしょう。

生まれた赤ちゃんが知的に発達していくのには、順序があります。それを知って働きかけをするのと、知らないでいるのとでは、子どもの発達に大きな違いが出てきます。

幼児の知能の発達の順序を知って、適切な働きかけをしましょう。

●物の名前とその用途を知る「弁別の能力」

生まれた赤ちゃんに何より大切なのは、温かいお母さんの愛撫と、愛の心がこもった言葉かけです。言葉が豊かにかけられるほど、赤ちゃんに豊かな心が育ちます。

子どもの心身の発達は、このように母親の豊かな愛の言葉かけによって育つことを知ることが大切です。

まだ赤ちゃんだから何を話してもわからない。わかるようになって語りかけよう、働きかけようと思うのが普通ですが、赤ちゃんに話しかけたことが通じると信じて、心豊かに話しかけることが、赤ちゃんが知的に育つのを助ける第一歩です。

赤ちゃんが言葉を豊かに獲得するほど、赤ちゃんの感情の発達、知的な発達が進みます。言葉の発達こそ、豊かな感受性の世界への入口なのです。

全盲で耳が聞こえず、口の利けないヘレン・ケラーは六歳の時、人間らしい感情の発達、知的な発達がまるで見られず、荒々しい動物のようでした。サリヴァン先生という教師がつくことになって、言葉を学ぶようになると、人間らしい感情や優しさが育ち始めました。

人間が人間らしく育つのは言葉のおかげであることが、ヘレン・ケラーの例からもわかります。

子どもの知的発達の第一歩は弁別の能力の発達であるといわれるのは、そういうわけからです。

「弁別の能力」というのは、〈物の名前とその用途〉を知る能力のことです。例えば、鉛筆、コップなどの呼称がわかり、鉛筆は書くためのもの、コップは水などを飲むためのものと知ることです。

弁別の能力を育てるためには、赤ちゃんの身の回りのものを指さして、「これは○○よ」と教えることが第一歩です。

弁別の能力は絵カードをフラッシュしながら、その絵の名前を言って聞かせる、絵本を見せながら一つ一つの物を指さし、その物の名前を言って聞かせるなどでも育てることができます。

赤ちゃんの体の部分を指さして、「これはあなたの手よ、足よ、鼻よ、口よ……」

と毎日繰り返し言って聞かせるのも、弁別の能力を育てる良い働きかけです。

●〈これとこれが同じ〉がわかる「対応の能力」

赤ちゃんの「弁別の能力」の発達の次には、「対応の能力」の発達が来ます。

対応の能力とは、〈これとこれが同じ〉ということがわかる能力です。あるいは〈これとこれは同じ仲間である〉ということがわかる能力です。

一歳を過ぎ、言葉が出るようになった赤ちゃんは、絵本を読んであげている時にりんごの絵が出てくると、台所のりんごを持って来て、これが絵のりんごと同じだという理解を示すことがあります。同じという言葉を知っていると、しきりにりんごを見せながら「おんなじ、おんなじ」と言います。これが対応の能力です。

対応の能力は少し進めば、めんどりとひよこ、かえるとおたまじゃくしなどが親子であるとわかる能力、チューリップの花と茎や葉、菊の花と茎や葉が対応できる能力、あるいは、りんごやみかんは果物同士、にんじんと大根は野菜同士という仲間がわかる能力に広がっていきます。

24 知能の発達の順序を知った働きかけ②

●〈おんなじでない＝違う〉がわかる「分類の能力」

「対応の能力」の発達の次には、「分類の能力」の発達が来ます。

分類には〈色の分類〉〈形の分類〉〈男の子と女の子に分ける〉〈果物と野菜に分ける〉〈動物と鳥に分ける〉など、いろいろな分類があります。

例えば色の分類で考えてみましょう。赤い色紙と緑色の色紙が五枚ずつあり、それらを赤は赤同士、緑は緑同士の仲間に分けるのが分類です。

この時、「おんなじ」と「おんなじでない」というのがわかることが分類の基本です。赤と緑はおんなじでない＝違うという概念が育っていないと、分類ができません。

そこで分類の能力の基本は、

おんなじでない＝違う

ということがわかるようにするのが、分類ができるようにする第一歩です。赤い色紙五枚の中に一枚緑の色紙を入れて、子どもに「違う色はどれ？」と聞いてみましょう。それが正しく答えられれば、分類が正しくできることになります。

また「同じ仲間でないのはどれ？」「仲間はずれはどれ？」と発問されることがあります。それらに答えられるようにするのも大切です。

「仲間はずれ」という言葉に差別を感じると指摘されるお母さんがいらっしゃいますが、幼稚園や小学校の入学試験で問われることもありますので、その言葉があることを知らないと、子どもが正しく答えられないことになります。一応、そういう発問にも答えられるようにしましょう。

●〈赤くて丸いのはどれ？〉がわかる「組み合わせの能力」

分類の次は、「組み合わせの能力」が来ます。

組み合わせとは、〈二つの因子の組み合わせ〉のことをいいます。例えば、赤とか黄とかはそれぞれ一つの因子です。丸とか三角もそれぞれ一つの因子です。それが組み合わさって、「赤くて丸いのはどれ？」「黄色で三角はどれ？」などの

発問が、組み合わせを判別できるかどうかを問うものです。

●スリーヒントゲームで育てる「総合の能力」

〈三つ以上の因子を総合的に判断して認識できること〉は、「総合の能力」が発達していることになります。

例えば、大きい赤い丸と小さい赤い丸はそれぞれ三つの因子から成っています。それらがわかることは三つの因子の組み合わせ、つまり総合の認識力があることになります。

総合の能力を育てる教材として、『スリーヒントゲーム』というのがあります。対象年齢は二歳からです。

読み札には三つのヒントが書いてあります。

①リスです
②赤い靴を履いています
③鉄棒をしています

これを聞いて絵カードを取るのです。絵カードには、リスが赤い靴を履いていて鉄棒をしているカードと、ブランコに乗っているカードがあり、二つ目の因子ではまだどちらかわからず、三つ目を聞いて正しくわかるようになっています。

このように、三つ、あるいはそれ以上の因子が組み合わさったものを総合という、それがわかる能力が発達していくと、子どもの知的な能力の発達も進んでいくことになります。

知的発達のこのような順序にしたがって、子どもへの働きかけを考えてください。

25 入学までに教えておきたい10の基礎

幼児が学校に上がる前に身に付けておくべきことがあります。それは次の十個の基礎概念です。

①色（赤・青・黄の三原色が基本）
②形（○△□の三つの形が基本）
③大小（大きい・小さい）
④数（一つ、二つ、三つ……・一、二、三……）
⑤量（多い・少ない・半分・もっとがわかる）
⑥空間認識（上下・前後・左右）
⑦比較（長い・短い・高い・低い等）
⑧順序（一番目・二番目・三番目）
⑨時（昨日・今日・明日・何時・五分前等）
⑩お金（一円・五円・十円・五十円・百円）

幼児の知恵のもとは、この十の基礎概念がしっかり身に付いていることです。二歳、三歳のうちにこれらの基礎概念が身に付くように、日常生活の中で絶えず話題に取り入れるようにしましょう。

これらは、幼児期に身に付けさせるべきパターン認識といわれるものです。知的障害の子ども達、ダウン症の子ども達、あるいは情緒の障害が主因と見られる自閉症児でも、このパターン認識の基礎概念が身に付くと、症状が軽くなっていきます。

これらの認知弁別の能力を高めてやると、障害が軽化していくのです。

これらの基礎概念を、普通の子ども達は家族との日常対話の中で自然に身に付けていくのが一般的です。しかし、日常対話の中で話題として取り上げられることが少ないとどうなるのでしょう。習わないことは身に付かないのです。習わないことが子どもの苦手意識になっていきます。

では、それぞれ具体的に説明していきましょう。

●①色

色はまず、「赤」「青」「黄」の三原色から教えましょう。

実物で教えていくのがわかりやすいでしょう。赤いりんご、赤いいちご、赤いペン、赤い色紙などを示して、それぞれ「赤いりんご」「赤いいちご」などと言ってあげましょう。そうして三原色がわかるようになったら、白・黒・緑・ピンク・だいだい・紫・茶など、次第にわかる色の数を増やしていきましょう。

小さい時期に色彩感覚を育てるほど、細かな色の違いを弁別する能力を高く育てます。だから十色と限らず、五十色でも、百色でも識別できるようにしてあげるのが本当はいいのです。

すぐれた色彩感覚を育てるには、まず何よりも外に連れて出て、自然の景色の中の色に目を留めさせましょう。朝日、青空、白い雲、緑の木々、黄色い花……、自然の中に色は事欠きません。

同時に、できるだけ小さな頃から名画などもカードにして毎日フラッシュして見せてください。画家の微妙な色彩のタッチの違いが、自然にパターン認識されます。

四歳、五歳ともなれば、赤・青・黄の三原色の絵の具を与え、色を混ぜて三原色からいろいろな色ができることを教えると、子どもは夢中になって色づくりに励むでしょう。

子どものつくった色、一つ一つに名前をつけさせましょう。どれだけ多くの違った色がつくられるか、色づくりに挑戦させましょう。つくった色で、いちごや豆などを描かせると、絵を描くことに興味を育てます。

●②形

日常の生活の中にいろいろな形があることに気づかせましょう。すると子どもが形に興味を示すようになるでしょう。

丸いお月さまやお日さま、四角い窓や四角い本、三角の形をした木や三角のお山など。

一歳過ぎ頃から教え始めましょう。

円、三角、四角がわかるようになったら、だ円、長四角、星形、十字形、ひし形、台形など、いろいろな形があることに気づかせましょう。

鉛筆を使って、円、三角、四角が描けるようになると、文字が書けるようになったり絵が描けるようになります。形が基本なのです。

いろいろな形のブロックを使って家をつくる遊びをさせると、形を立体的にとらえるようになります。

物をつくることがここから始まります。積木遊びや粘土遊びが、物をつくることが好きな子を育てます。

形を使っていろいろなデザインをつくる楽しさを覚えた子どもは、暇があると模様づくりに励み、将来のデザイナーとしての下地をこの頃に育てるかもしれません。

緻密な組み立て遊びをした結果、緻密な計算力、集中力、思考力、創造性を育てたりします。手先の器用さも育てます。

世界の国旗も形に気づかせる良い教材です。道路標識や地図のいろいろなマークも形であることに気づかせましょう。

形がどんな所に、どのように利用されているかを調べさせるのも、大きくなった子ども達には良い取り組みです。

●③大小

大きい、小さいという区別は、子どもにとってはわかりやすい概念です。お父さんは大きい、子どもは小さい。象さんは大きい、ありさんは小さいなど、大小を知る教材は生活の中にいくつもあります。

子どもは大小の区別をいつ頃からわかるようになるのでしょう。二歳半前後からです。円の大小がわかり、おやつの大小がわかるようになります。大きいおやつと小さいおやつを見せて選ばせると、きっと大きい方を選ぶでしょう。

④数

数に強い子に育てるには、できるだけ早い時期から生活の中の数に気づかせて、数に親しませることが大切です。食事の時には、お父さんの茶碗、お母さんの茶碗、子どもの茶碗と三つの茶碗が出ていることに気づかせます。お箸は二本ずつ。お風呂では、目が二つ、鼻は一つ、口も一つ、耳は二つ、指は五本……のように、体の部分でも数に気づかせましょう。

外出した時は、階段がいくつ、並んで停めてある自転車が何台……というように、いつも数に注意を向けさせると数に強い子に育ちます。

毎日、数の取り組みが必ず入っているようにしましょう。

⑤量

量は、〈多い〉〈少ない〉〈半分〉〈もう少し〉〈もっと〉などがわかることです。コップに牛乳やジュースを注いで、〝どっちのコップにより多く入っているか〟や、〝半分にして〟〝もう少し入れて〟など、日常の生活の中で自然に覚えさせることができます。

年長さんともなれば、買い物に連れて行った際に、「二百グラムの肉」といえばどのくらいの量の肉か、「一リットルの水」といえばどのくらいの水かなどを教えて体験させていると、小学校へ入学してから算数に強い子どもが育ちます。

⑥空間認識

〈上下・前後・左右・内外・遠近など、空間に関する概念〉を空間認識といいます。これは、机の上下、子どもの手の左右、箱の内外、投げたボールの遠近など、具体的な事例で教えてくださるとわかりやすいです。

右と左がわかりにくい場合は、〝ご飯を食べる時に箸を持つ手が右（左）〟あるいは〝握手する手が右〟などと、これも具体的に教えるのがよろしいでしょう。

⑦比較

〈〜より大きい・〜より小さい〉〈〜より多い・〜より少ない〉というのが比較で

す。

「二つのものを比べることが比較することだよ」と教えます。二本の鉛筆を出して、どちらが長いか、短いかを「こちらの鉛筆がこれより長い」のように教えましょう。

比較を教えるのには、反対語をできるだけたくさん教えてあげるのがよいでしょう。暑い↕寒い・早い↕遅い・甘い↕苦いなど、反対語はすべて比較する時の対義語ですから。

⑧順序

順序は、〈一番目〉〈二番目〉〈三番目〉〈先頭〉〈いちばん最後〉という順序の他に、〈左から二番目〉〈右から三番目〉〈上から四段目〉〈いちばん下〉〈いちばん上の段の右から五番目〉など、座標を見る時の順番もあります。〈三番目に大きい〉〈二番目に長い〉など、大きさや長さの順番をいうこともあります。このような順番がすべてわかるようにしてあげましょう。

⑨時

時は、〈今日・明日・昨日・今・さっき・一時・三時・午前・午後・朝・昼・夜・一週間・今週・来週・先週・今年・来年・昨年・年・月日・曜日〉などがあります。

特に時間の理解が大切です。〝今何時〟〝十分前〟〝五分待ってね〟などがわからないと生活に困ります。

五歳の子で、〝～時がわからない〟〝五分前がわからない〟という子がいました。聞いてみると、家の中に数字の目盛りを長針と短針で指し示す時計がなく、ただ数字で表示するだけの時計だったので、生活の中で時計を見て時間を学ぶということができなかったのです。

数に強い子どもを育てるには、早くから日常の生活の中で時計を意識させて、時刻を読むことを覚えさせましょう。

時間の感覚のすぐれた子に育てるには、生活のリズムを正しくすることが大切です。そのためには、食事の時間を決めておく、散歩の時間、絵本読みの時間、就寝の時間を決めて習慣化することが大切です。

すると子どもがその時間をわくわくした期待を持って待つようになります。

プリントをする時間なども決めておくと、その時間にはさっさと自分で用意して学ぼうとします。学習する習慣が身に付いて、強制しなくても自分からやりたがる様子を見せます。

生活が不規則でルールがない生活をしていると、子どもに時間の感覚が育たず、時間の理解が難しい子に育ちます。

●⑩お金

金銭感覚を身に付けるのは、三～四歳の頃が大切です。〝お店やさんごっこ〟などのごっこ遊びを通して金銭感覚を身に付けさせましょう。

また、スーパーでの買い物の際、バスや電車の切符を買う際など、他人の迷惑にならない程度に、実際の生活体験の中でお金に触れさせてあげてください。

一円が五つで五円、十個で十円、五円が二つで十円、十円が五つで五十円、十個で百円なども、おもちゃのお金を使って、〝銀行屋さんごっこ〟や〝お店屋さんごっこ〟をしながら教えてくださるとよいでしょう。

幼児期にこのような体験がない子どもは、学校に上がってから、金銭に関する算数の文章題が出た時に、問われていることが抽象的に思えて、さっぱりわからないということになります。

幼児期に、この十個の基礎概念をしっかり身に付けさせておくことが大切です。これらは毎日の生活の中で親が子どもに自然に覚えさせてあげるべき内容です。

26 幼児だからこそ英語に親しませる

ここで、幼児に英語を学ばせるわけを考えておきましょう。

幼児は語学の天才です。言葉を覚える特別な頭の働きがあります。一家で外国に移り住んだ時、いちばん早く言葉を覚えるのは幼児です。年齢が低いほど、その国の言葉を完全に習得してしまいます。なぜ幼児にはそんな力があるのでしょう。

それは頭の働きが大人とは違うからです。〇歳から六歳までの子どもの頭の働きと、それ以後の子どもの頭の働きはまるで違うのです。

フランスの言語学者ポール・ショシャールは、植民地の多くの先住民族の子ども達の言語能力について調査した結果、「五歳前にフランスに移住した先住民族の子どもは完全なフランス語をあやつる能力を身に付け、フランス人と全く同等の文化を享受する能力を獲得するようになるが、六歳以後にフランスに移住した場合、それも六歳より遅くなればなるほど、フランス語の習得がうまくいかなくなり、フランスの文化的な生活に適応しにくくなる」と報告しています。

ポール・ショシャールだけではありません。バイリンガルの子ども達について十年間にわたって研究を重ね、その間に四冊ものバイリンガルの研究書を出したアメリカの言語学者レオポルドは、「外国語の習得は十歳を過ぎてからでも不可能ではないが、よい成績を収めることはまれである。なぜなら、それは反生理的であるから」と述べています。

これらの学者の研究でわかる通り、語学の習得期は〇歳から六歳くらいまでの間にあることがはっきりしています。その時期は、語学を習得する特別でマジカルな脳の働きが子どもの頭の中にあるのです。

〇歳～六歳の子ども達の脳は、右脳が優位に働いています。右脳には言葉を習得する特別な働きがあるのです。ですから語学の学習には、左脳と右脳の働きの違いを知ることが重要です。

左脳と右脳とでは働きがどのように違うのでしょう。左脳に働く能力回路と右脳に働く能力回路は、全く反対の働きをしているのです。

左脳は低速リズムのコンピュータが働いていて、自分の意識でこのコンピュータを操作します。その際、一つ一つを細かく理解し、記憶していくことが求められます。左脳はそうして部分部分を理解していって全体に到達するという認識の発達の仕方をします。

右脳はこれと反対で、高速リズムのコンピュータが働いていて、無意識がこのコンピュータを操作しています。右脳は理解、記憶を求めず、高速で大量に情報を入力すると、無意識がその情報間に法則を見つけ、自由に情報を操作し始めます。認識の仕方はまず、全体を理解し、部分に向かいます。この認識の仕方をパターン認識といいます。

この違いが言葉の習得の易《やさ》しさ、難しさを分けます。左脳にとっては一言語をマスターするには、どの言語も複雑すぎて、何年勉強しても完全に習得することはとても難しいのです。

けれども、右脳にとっては複雑すぎる言語などありません。どの国の赤ちゃんも生まれて一、二年の間に、生まれた国の言葉を完全に習得してしまうという事実がそのことを証明しています。

赤ちゃんはみんな右脳の特別な語学習得力で、自分が生まれた国の言葉を一、二年の間に完全にマスターしてしまいます。けれども大人にはもうこの力はなく、左脳で学習するので、語学習得が非常に難しいものになるのです。

27 音を聞き取る能力を高める環境づくり

語学の習得にはまた、音の問題があります。日本人が語学下手なのは、実はこの音の問題がいちばん大きな原因なのです。生まれたばかりの赤ちゃんはどの赤ちゃんも、十六ヘルツから一万六千ヘルツの間の周波数の音を聞き分ける能力を持っています。

日本語は百二十五ヘルツから千五百ヘルツくらいまでの周波数領域を持つ言葉です。これに対して英語は二千ヘルツから一万二千ヘルツまでの周波数領域を持つ言葉です。米語は八百ヘルツから三千二百ヘルツくらいの周波数領域を持ちます。

生まれたばかりの赤ちゃんは、このすべての領域の音を聞き取る能力を持っているのに、生まれ育った環境に存在しない音声はやがて聞き取れなくなっていくのです。人間には絶対音感という能力があることが知られていますが、これも〇歳から六歳の間に音を聞き取る練習をすれば身に付くことがわかっています。

言語の習得も絶対音感の習得と同じなのです。言語もまた音なのですから。〇歳から六歳までの時期が絶対音感の習得時期であると同様に、語学習得の最適期なのです。六歳を過ぎてからでは生理に反するので習得が難しいのです。言語の習得は生理的な聴力の問題と理解することが大切です。

また、人間の頭は電気的な働きで動いています。その電気的な働きは、脳波という形で脳波を測る機械によって見ることができます。

脳波にはベータ波、アルファ波、シータ波、デルタ波の四種類があります。〇歳～六歳の子どもの脳はアルファ波、シータ波の出やすい脳で、大人は通常ベータ波の脳波で脳を動かしているのです。

ベータ波は学習に適しない脳波で、自分の意識で脳を働かせている時はたいていこの脳波を働かせています。ですから、この脳波の時に何かを記憶するのは難しく、かつ自分の意識で情報を操作するので、その操作能力は非常に低いのです。

アルファ波になると、同じことを同じ時間学んでも、特に記憶しようと思わないのに楽に記憶できます。シータ波になるとさらに楽で、情報間に法則を見つけ、無意識に自由に入力された情報を処理します。幼児はそのような学習に適したアルファ波、シータ波で学習するので、学習能力が大人とは全く違うのです。

このように、頭の生理の違いが〇歳から六歳までの子どもとそれ以上の子ども達の語学習得力の違いを生みます。

バイリンガルの子ども達を十年間研究したレオポルドが、「十歳を過ぎてから語学を学んでも学習できないことはないが、完全に習得することは難しい。それは反生理的であるから」と言っているのは、そういう脳の生理が働いているからです。

語学の習得は努力の問題ではないのです。赤ちゃんの生まれた環境にどんな言語が話されているか、赤ちゃんがその言語を聞いて育つか否かが問題なのです。

28 1日15分、テープやCDを聞かせるだけ

言葉は対話によって学ばれるものと思われていますが、事実はそうではありません。対話はなくても入力すれば言葉が育つのです。

これが何を意味するかおわかりでしょうか。お父さん、お母さんが英語を知らなくても、生まれた赤ちゃんに毎日十五分、テープやCDを聞かせて育てれば、三歳の時にはもうバイリンガルに育っています。

お父さん、お母さんが英語を知らないなら、その家庭では英語の対話はなかったはずです。それなのにバイリンガルの子どもが育つのは、言語の入力が言葉を育てるからです。対話は入力ではなく、出力なのです。入力の結果なのです。

語学のすぐれた下地、語学の才能の芽を脳の配線の中に組み込むようにするためには、遅くとも五歳、六歳までに外国語を学ばせなくてはなりません。幼稚園時代が特に大切ということができます。小学校に上がってからでは、外国語の微妙な発音の違いを身に付けることが絶対にできない、ということもあります。四歳、五歳の頃に、毎日語学テープやCDを聞かせるということをしておけば、子どもは意識していなくても潜在意識的に身に付けてしまいます。

これを小学校五、六年生の頃に始めたのでは、身に付いた語学的才能として開花させることはほとんど無理なのです。発音はどうしても日本人くさくなります。それも、六歳を遠ざかるほど、そうなのです。

幼稚園の頃に英語の勉強をさせても、後が続かなければ効果が上がらない、意味がない、と大事な幼稚園時代を見送ってしまう方がたくさんおられます。後が続かなくてもいいのです。六歳までに、しかもできるだけ〇歳に近い時点に、脳の配線に記録させておくと考えることが大切なのです。

第3章　創造力のある子

29 成功者たちの物語を読み聞かせる

ノーベル賞を取った人達は、成功者といえるでしょう。彼らは人のしない研究をして、世の中に新しい知識を付け加えたいという思いを持って研究し、それを果たすことによって賞を得たからです。

この人達に共通していることがあります。それは彼らが偏差値人間、マニュアル人間ではないということです。

彼らには、自分を信じる力、考える力がありました。彼らや、その他の成功者に見られる生き方の共通点があります。この共通点を子どもに身に付けさせましょう。

成功者はなぜ成功したのでしょうか。その共通点は、

①志を高く持った。目標を高く掲げた

②利己的な発想ではなく、利他的な発想をした

③プラス思考であった

④感謝の心で生きた
⑤直観力がすぐれていた
⑥新しいものを生み出そうという変革の志があった

これらを身に付けさせるには、伝記を読んであげるのがいちばんよいでしょう。子ども達は成功物語を読んで、どう考えたらよいか、どう生きたらよいかを学ぶからです。

例えば、次のような話を子どもに聞かせてあげましょう。

●〈アメリカのジャーナリスト、エドワード・ボックの話〉

エドワード・ボックは子どもの頃、家族と一緒にオランダからアメリカに移住してきました。初め、学校に行っても言葉がわからないので、何を習っているのかわかりませんでした。でもだんだん言葉を覚えていきました。

彼の家は貧しかったので、小学校六年間だけしか教育を受けませんでした。ボックが十二歳の頃のことです。学校の帰り、空腹を抱えてパン屋さんの前を通りかかりました。ボックは店の窓に顔を押しつけて、おいしそうな菓子を眺めていました。

店主が出てきて、「どうだ、うまそうだろ」と言いました。ボックは「窓がきれいに磨いてあったらもっとうまそうに見えるよ」と言いました。

主人はびっくりして、「そうだ、その通りだ。それならお前、窓を磨いてくれないか」と言いました。

ボックは喜んで磨きました。丁寧にピカピカに磨いたので、主人は気に入って「毎日磨いてくれたら、一週間で五十セントあげるよ」と言いました。これがボックにとって初めてのお金を稼ぐ仕事になりました。

ボックはそれから次々に仕事を見つけていきました。新聞配達をしたり、馬車の客に氷水を売ったり、夜は小さな集会の記事を書いて新聞社に投稿したりしました。

こうして彼は一週間に二十ドルの収入を得るようになりました。くり返しますが、十二歳の少年の頃の話です。

十三歳の時、ウエスト・ユニオン電話会社の給仕になりました。彼は電車賃を節約したり、昼食を抜いたりしてお金を貯め、『米国人名録』を買いました。その本で有名人達の少年時代の伝記を調べました。

彼はまず、ガーフィールド准将（南北戦争の北軍准将）に手紙を出し、将軍が幼年時代、本当に船引き労働者だったかを尋ねました。

次にグラント将軍（南北戦争の北軍将軍）に手紙を出して、どんなふうにして戦争に勝ったか尋ねました。将軍はボックを家に招いて詳しく話をしてくれました。

こうして彼は当時のあらゆる方面の著名な人達を知るようになりました。リンカーン夫人、女流作家のオルコット女史（『若草物語』作者）、ジェファーソン大統領などです。

こうして彼は著名人の生き方を学び、自分で生きていく自信を身に付け、大きな夢を持つようになりました。

ある日、彼は街で一人の紳士が巻きタバコの箱を開いて、その中に入っていた景品の写真をポイと投げ捨てるのを見ました。ボックが拾ってみると、ある有名な政治家の写真でした。でも、写真だけで何も書いてありません。

彼はこの写真に小さな伝記が書かれていたら、この写真は捨てられないで取っておかれたかもしれない、と思いつきました。

そこで彼はこのアイデアを、写真を出している会社の社長さんに伝えました。こうして彼は一人につき百字の伝記を書き、十ドルの原稿料をもらうことになりました。

これがきっかけで、彼は出版事業を手がけるようになり、やがて世界最大の発行部数を持つ女性雑誌を発行するようになりました。

彼は毎月百万ドル以上の収入を得るようになりましたが、そのお金は広く社会を良くするために使いました。

30 広い視野を育てるために「旅」を経験させる

子どもに広い視野を持たせるために有効なのは、旅を経験させることです。

日本人はコミュニケーション能力が低く、新幹線に乗っても隣の人同士話さない、隣近所同士で会話がないといった状況になっています。

しかし、外国に行くと、豊かな人間同士の心の触れ合いを体験することができます。街で会う人がニッコリ笑顔を向け、声をかけてくれます。

ひとり旅をすると、乏しい予算のやりくりをすることも多いので、自然に精神が鍛えられ、人情を理解し、人との触れ合いの大切さがわかり、外から日本の良さがわかります。子どもに旅をさせることは、そのような利点があります。

旅は子どもの心を育てるだけでなく、視野を広げます。

子どもに広い視野を持たせることが大切なのです。

一般に日本人は非常に狭い視野の中で暮らしています。家族や親類間のこと、そしてせいぜい隣近所の付き合いどまりです。国のこと、日本民族のこと、世界のことまでは考えたりしません。

時間的にも目先のことだけ考えて、子どもの将来まで考えることはありません。

旅をすると視野が広がり、世界を見る目で日本を見るようになります。日本という国に愛情を持つようになります。

また、子どもを歴史好きに育てること

も、大きな視野を持たせる上で大切なことです。歴史は繰り返すという言葉があります。人は歴史から大きな教訓を学ぶことができます。

歴史上の人物から成功と失敗のパターンを学び、参考にすることができます。大きな夢を抱き、周囲からばかにされながら、夢を果たしていったロマンやビジョンを学ぶことができます。

繁栄が極まると、没落が来ることを学ぶことができます。没落を予想して危機を切り抜ける知恵を学ぶことができます。

実際にすぐれたリーダー達は歴史からよく学んでいます。歴史から学ばないと、日本は勝ち残れないでしょう。歴史を学べば視野が広まり、国のあるべき姿が見えてきたりします。

子どもに将来大きな視野を持たせたい、夢を持たせたいと思うのであれば、歴史好きに育てておきたいものです。

31 「やりなさい」を押し付けないから育つ「やりたい」

千葉県に越川春樹校長の指導する南条中学という中学校がありました。昭和二十四年頃の話です。

ここは実は問題校でした。それが越川校長が来られて、人間教育を実践するようになってから一変してしまいました。

この学校の生徒数は千五百名、職員六十名の千葉県一の大規模校でした。それが非行少年を一人も出さず、物がなくならない、選抜野球大会では優勝するという模範校に変わったのです。

越川校長は古典の考えを教育に取り入れたのです。越川校長は知識を教える前に、人間としていかに生きるべきかを生徒達に教える方がもっと大切だと考えたのでした。

毎週の朝礼で、孔子の『論語』や佐藤一斎の『言志録』から話を引いて生徒達に話をしました。その話の中で校長は、教育で大切なことは知識を詰め込むことでなく、「憤」の心を起こすことこそ大切だと説きました。

第2章でも触れましたが、「憤」とは奮い立つことです。やろうという動機を心に持たせることです。

「憤」の大切さは『言志録』に「憤の一字は、是れ進学の機関なり。『舜《しゅん》何人ぞ、予《わ》れ何人ぞや』とは、方《まさ》に是れ憤なり」とあります。「発憤することが学問をする上で最も大切なことである。孔子の最高の弟子の顔淵《がんえん》が、舜（中国の古代で理想の帝王といわれた聖人）も自分と同じ人間ではないか。なろうという志さえ立てれば、自分も舜のような人間になれると言ったのも、まさに憤である」という意味です。越川校長は古典の造詣が深く、『論語』や『言志録』に深く通じておられたのです。そのため見事な人間教育を指導することができたのです。

「憤」とは、子どもの心に「自分からやりたい」という気持ちを起こさせることです。子育て上手な親は、子どもの心に上手に「憤」の心を起こさせます。

教育でいちばん大切なのは、「憤」の心を育てることです。「よしやろう」というその動機を与えること、「よし私はやるぞ」という、そういう心を持たせて学ばせることがいちばん大切です。

ところが、親はそういうことをあまり考えずに、「今日から、はい、この教室に通ってお習字を習うんだよ、英語を学ぶんだよ、音楽を学ぶんだよ」というように、親が先に今日からやれと子どもに言います。

それに対して子どもは、「何でこんなことをやらなきゃいけないのか」と思いながら嫌々取り組むようになります。自分がやりたくてやっているわけではないので、面白くなく、やりたくない。それで子どもが「やりたくない」と言うようになり、親も「じゃあやらなくてもよろしい」と、こういうふうになってしまいます。親が子どもに「やらせる」形では、子どもの才能を引き出すことはできないのです。

32 「特訓」ではなく「手助け」する

子どもの個性は、父親が積極的に伸ばしてあげるのがよいのです。プロ野球選手のイチローがどう育ったか、プロゴルファーのタイガー・ウッズがどう育ったか、ご存じでしょうか。

イチローやタイガー・ウッズの個性を育てたのは父親でした。

イチローのお父さん、タイガー・ウッズのお父さんは、子どもに対して「はい、今日から野球のバッティングをするんだぞ、ゴルフをするんだぞ」というような教え方をしませんでした。

あれだけ優秀な息子を育てるのには、さぞかし小さな頃から特訓をして、否でも応でも特訓をして育てていたのだろうと、私達はついそう思いがちですが、そうではなかったのです。

タイガー・ウッズのお父さんは、ガレージにゴルフの練習をする場所をつくって、日曜日に棒でボールをころころと転がして入れる練習をする様をタイガーに見せ続けました。

そばにタイガー・ウッズを座らせておいて、ひたすら親が楽しんで見せたわけです。するとタイガーがたまらなくなって、「僕もさせてくれ」と言ってきます。しかし「まだ早い」などと言って我慢させ、ひたすら親が楽しんで見せます。するともうたまらなくなって、「どうしてもやってみたい」とタイガーは言い出します。そうしたら「そんなにしたいか。それなら教えてあげる」というようにして、タイガーがゴルフを学びたくてしょうがないという気持ちを起こさせたのでした。

イチローのお父さんはどうしたでしょうか。いつもバッティングセンターに行く時にイチローを連れて行きました。タイガー・ウッズのお父さんと同じです。

そして自分がバッティングをする様を、来る日も来る日もイチローに見せ続けました。行くたびに子どもにはバッティングをさせずに、自分が楽しむ姿を見せたのです。ついにはイチローが自分から「僕にもさせてくれ」と言うようになり、「そんなにしたいか、それじゃあしてもよろしい」と、そこで父親は初めてイチローにバッティングをすることを許しました。

この二人の父親の例からわかるように、子どもにまず自分からやりたいという気持ち（「憤」の心）を起こさせて、子どもが自分の努力で伸びていくのを助けるのがよいのです。そうすれば、親が子どもに何かを教え込むというのではなく、子どもが自分の意志で自分の個性を育てていくようになるのです。

33　個性の芽をつむ「レベル教育」に注意

「好きこそものの上手なれ」という言葉もありますが、「自分でやりたい」という思いがあるからこそ才能が育つのであって、親の都合で月曜から土曜までプログラムをつくって学ばせても、子どもの中に何も好きなものは育っていきません。それはお金をドブに捨てるようなものと言っても、過言ではありません。

あるお母さんが、「私は教育パパ、教育ママに育てられたので、子どもの頃は月曜から土曜までずっと習い事でした。だからおかげ様で学校ではどの学科も皆一番でしたけれども、社会に出てあれは何の役にも立っていません。

なんだかやたらプライドだけ高くなった。他の者よりも何でもよくできる。世間に出て隣の奥さんやらが馬鹿に見えて、自分は学校の成績が良かったからつきあいに困る。かえって邪魔です。ああいう幼児教育、早期教育なんかはもう絶対反対です。私が受けた教育は反対です」と言いました。

このお母さんは、不幸な教育を受けたと言います。これは「レベル教育」といって、してはいけない教育なのです。平均的に皆やっておいてあげれば、子どもはその中から才能を育てるだろうという考え方で、親は子どものためを思ってしたことでしょう。しかしこういうやり方では、子どもは一つも興味を見出さないものです。

こういうやり方ではなく、子どもが学びたいというものをつくってあげて学ばせていったら、その子の才能として育っていくのです。

世の中が求めているのは何でもできるゼネラリストではありません。スペシャリストを求めているのです。この一つだけとびぬけてできるという、そういう人を求めているわけです。

これからは専門性が大切なのです。個性が必要とされます。他の人と違っていて、自分自身の考えを持っていることが要求されます。

ですから、親が子どもにあれこれといろいろ習わせることによって、子どもの個性をつぶさないように、気をつけなければなりません。

34 創造性を伸ばすなら、基礎学力を忘れない

教育で大切なのは、創造性を引き出すということです。

しかし「考える」「学ぶ」「創造する」という教育を重視するあまり、「読み」「書き」「計算」の基本を育てることを忘れることは大変危険です。

創造性を引き出すということを急ぐあまり、「読み」「書き」「計算」の基礎学力をつけることを怠《おこた》ると、大量の基礎学力を持たない学生達を生み、教育者達の希望と裏腹に、日本の企業や経済を危うくすることにつながるのです。

それはアメリカがその通りの教育をして、子ども達の学力低下を招いてしまったという先例で証明済みなのです。

能を学ぶのに「修《しゅ》」「破《は》」「離《り》」という教えがあります。これは学問を学ぶ三ステ

ップと考えられています。

「修」の段階では型を学び、「破」に至って少し師匠を離れ、「離」の段階に達して新しく創造して一派を立てるという三つの段階を意味します。

これは武道を学ぶにも、書道を学ぶにも、すべての学問を学ぶのにも通じます。型を学ばずして、最初から素晴らしい創造はできないのです。

創造性とか、すぐれた発明、発見というのは、頭脳の中に貯えられたすぐれた知識の新しい創造的な組み合わせに他ならないのです。

創造性とは広い知識の上に立つものなのです。

創造性が豊かな人といえば、発明家ほど創造性の高い人はいないでしょう。その発明家に求められる創造工学の基本というものがあります。それは「創造は多くの知識の量に比例して良い案が出る」というものです。

発明学会の前会長、豊沢豊雄氏は、創造工学の基本は、「量々々、量に比例して良い案が出るのである」と言っておられます。そして「もしあなたが発明上手になりたいと思ったら、先輩達がどのような方法で発明したか、その具体例をたくさん知ることだ」と付け加えておられるのです。

すぐれた歌を次々と作ることでよく知られたサトウ・ハチロー氏も、「先生の詩

は実にうまい。どうしてそんなにいつもよい詩がつくられるのか」と問われて、次のように言っておられたものです。
「それは私がたくさんの詩を知っているからです。今すぐ暗唱できる詩なら五千首はあるでしょう。構成を知っている詩だったら、五万くらいあるでしょう。それらがみんな頭の中に入っているから、その一つ一つのパターンが詩をつくる時、支えになっていい詩が書けるのです。それがないといい詩は書けません」
　すぐれた創造性の基本には、できるだけ多くの情報を取り入れた、すぐれた記憶の能力が働いていることは、これらの言葉によって理解することが可能でしょう。

35 小学校に上がったら、自分で学ぶ態勢づくり

小学校に上がってからの教育が、ただ知識を教えるだけの教育であってはなりません。それでは創意工夫の働かない頭を育てるだけです。

小学校に上がったら、本物の学力を育てることに力を入れましょう。本物の学力とは、なぜ?と考えて、自分で答えを見つける姿勢を身に付けていることです。答えがわかるというだけの教育ではだめなのです。応用力・問題処理能力が身に付いていることが大切なのです。

ところが今の教育では、大学卒業生の二割程度しかこの能力を育てた者がいないといわれます。

自分で学ぶ姿勢は、疑問を持つことから始まります。疑問を持たない子には発見がないのです。自ら発見する学習は、子どもに学習の喜びを教えます。

自分で疑問を持ち、それを自分の力で解いて、わかったという喜びを味わわせる学習をさせましょう。

日本人はなぜ創造性が乏しいといわれるのでしょう。今の学習態勢が、ただ知識を詰め込めばいいという学習態勢になっているからです。受験勉強中心で、左脳ばかり使わせる学習法になっているからです。

幼児期には、理屈抜きに暗記すればよいという学習をしてきました。それはそれでよかったのです。それがその時期の右脳を育てる学習法だったからです。ところが入学してからはそれではいけません。理がわかる、自分で理屈を考えるという訓練をすることが大切なのです。

自分で考える力を持ち、創造性が豊かな子どもを育てるには、読書の好きな子に育てることが基本です。

小学校低学年のうちの読書量で、子どもの知能が育つか育たないかが決まります。読書量が多いほど考える力が育ち、創造力が豊かなのです。

読書が少なくて考えるのでは、あまりひらめきもなく、豊かな創造性・独創性は出て来ないものです。

小学校低学年のうちに、一日に十冊くらい本を読む習慣を身に付けさせましょう。小学生新聞や図鑑などを低学年のうちに読む習慣を身に付けさせたいものです。すると、知性も豊か、社会性も豊か、小学四年生になる頃には、大人の新聞が読めるくらいに育ちます。

そのために、入学したら漢字辞典を読ませたいものです。お薦めは、『NEW漢字字典』（フレーベル館）です。これには、小学校で学ぶ漢字がみな載っています。

それが済んだら、ベネッセコーポレーションの『チャレンジ小学国語辞典』を読ませましょう。これには二万五千語収録してあります。

こうして漢字力を育てていきましょう。

36 表現力を育てる国語の訓練

すべての学力の基本は国語力です。読書力を育て、漢字力を育て、表現力を育てていけば、小学四年生で大学レベルの本を読むことができる力を育てていくことができます。

では、表現力をどう育てていけばよいでしょう。それには文章を書く訓練が大切です。すぐれた国語力を身に付けるには、概念の操作力や抽象的世界を理解する力が必要です。これは日常会話だけでは身に付かないものです。

本を読み、文章を書くという文字の操作を通して言語を身に付ける訓練がなければ、すぐれた国語力は身に付きません。帰国子女が日本へ帰って国語力がないために苦しむのは、文字を通して言語を理解する訓練が欠けていたためです。

では、漢字の知識があれば読書力は十分でしょうか。いいえ、その漢字が文脈の中でどう使われているか、どんな使い方ができるか、数多くの例で学んでいく必要があるのです。つまり、文章を書く訓練の中で、高度な概念の操作力や抽象的世界の理解力が育つのです。

そうして読解力や認識力が磨かれ、思考力や表現力が伸びていきます。この四つが申し分なく磨かれた時、小学生で大学レベルの専門書を読みこなす力まで、育てることができます。

文章化は、創造性とつながります。

創造性は頭で考えたことを手で書き表すこと、実際に表現することで育つものです。自分の中にあるものを文字にして外に出す作業によって、ひらめきが創造的な思考になるのです。

今、心に思ったこと、ひらめいたこと、現在の瞬間にビビッドに感じていることを表現し、外に表し、行動に結びつけることによって、創造性が生まれるのです。

創造は、意識や情報を頭の中にたくさん蓄えても、必ずしも良いアイデアを生み出すとは限りません。ひらめきが必要です。創造的人間になるには、ひらめきによってアイデアが生み出されなくてはなりません。

手を通して表現する、手を使いながら頭を使うようにすると、頭の配線コードがしっかり連結され、頭の機能が活性化されます。手は脳と連動しているのです。これは大脳生理学の説くところです。

これが意識と体の一体化です。これをやらないとすぐれた創造性は育たず、単なる思いつきに終わります。

第4章 がまんできる子

37 心の子育てで、知力も育つ

戦後からこれまで、あまりにも知識を求め、学力を育てることを教育と考え、もう一方の教育の側面、心の子育てが忘れ去られてきました。しかし、地位、財産、名誉を求めることが教育の目的ではなく、学問を学び、自己を修め、人として正しく生き、学んだことを世の中に役立てることが、教育の真の目的です。人間としていかに生きるかを考え、絶えず自己を省みながら、人間としての道を歩いていくのが良い道なのです。

人間として生きていく上で、いちばん大切なのは徳です。

徳とは何でしょう。人のことを思いやって行動することを、徳といいます。徳とは人間性です。

人間として大切な四つの要素があります。四つの要素とは、徳性、知能、技能、習慣の四つです。

徳性とは、心の明るさ、清さ、人を愛する、人を助ける、人に尽くす、恩を知る、恩に報いる、正直、勇気、忍耐といった豊かな心の働きをいいます。これらは人間の本質的要素です。

この徳性の反対を考えれば、徳のない人間の社会がどんなものになるかわかるでしょう。明るくない、暗い、清くない、汚れている、人を愛する心がない、人を助けようとしない、人に尽くす気持ちがない……という人間像が考えられます。そのような人達でいっぱいの社会だったらどうでしょう。

そのように考えると、徳がどんなに大切なものかわかります。徳こそ人間性そのものです。

徳を行ってこそ、正しい道を行くことができます。正しい道を行くには徳に生きることが大切なのです。そのことを子どもにしっかり伝えましょう。それが立派な子育てです。

心の子育てで大切な二つのものさしがあります。

一つ目は、自分のわがままを抑えることができること、感情をコントロールできることです。すぐぷつんと切れたりするのは、心が育っていないしるしです。わがままな子に育ててしまうのは、子どものすることをみんなよしとして、子どもと同じ目線で子どもの言うことを大切にしようという間違った子育てが原因です。そのような子育てをしていると、子どもの心はきちんと育ちません。

二つ目は、他の人のことが考えられる、人に優しい思いやりを持てる、ということです。この二つのことができれば、その子の心はよく育っているということになります。

心の育った状態とは、人に対して深い思いやりを持ち、自分の感情を抑えルールを守る力を育てている状態をいうのです。

今、IQ教育でなく、EQ教育が大切とよくいわれます。IQ教育とは知的能力を高める教育のことで、EQ教育（心の教育）とは、自分の感情をコントロールすることができ、人への優しい思いやりを持つことができるように育てる教育を指します。

IQを中心に考えると、学力はあっても心は育っていないという子どもを育てがちです。しかし、心を大切にするEQ中心の子育てをすると、IQもうまく育てることができるのです。ですから、まず心の子育てを考えましょう。それに知力を育てることが必然的に添っていることを理解しましょう。

心の育った状態について具体的にいうと、まず心が清く、人を憎んだり、だましたりしない、汚れた気持ちを持っていない、優しい心を持っていること、二番目は、明るくあいさつができること＝「おはようございます」「こんにちは」などが人に対して心から自然に出てくること、三番目は、「はい」と素直に言えること、などが挙げられます。

この「清さ」「明るさ」「素直さ」の三つが育っていることが心の育った状態であり、教育でいちばん大切なのは、自己中心性を取ること——つまりわがままに育てないということなのです。

38 動じない、キッパリした態度をとる

徳育の基礎は耐える力、意志力、感謝する心を育てることです。早寝早起きをすることで耐える力、意志力が育ちます。子ども達は善悪の区別と自制を教えないと、本来わがままなものです。そのわがままを抑え、自制する力は意志力です。この意志力は耐える力を育てることによって伸ばされます。

親は子どもの願うままに、子どもを育ててはなりません。それは姑息《こそく》の愛（一時しのぎの愛）といい、あるいは舐犢《しとく》の愛（親牛が子牛を舐めて育てる愛）といいます。

姑息の愛は当座は慈愛に似ているけれど、そのうち子どもが気ままに育って、才もなく徳もなく、鳥獣に近く育って、結局は子どもに愛を与えず、悪の道に誘うようになります。子育てで大切なのは、人間として生きる道を教え、徳に生きることを教えることです。

日本の古典的な教育書はすべて、子どもに忍耐を教えることの大切さを説いています。教育の第一番目の眼目は、子どもの自己中心性を取る、相手のことを思いやる心を育てる、この二つにあるのです。

この「がまんする心」をどう育てるかについて、ペスタロッチは『ゲルトルート児童教育法』の中で次のように述べています。

「自然は暴れる子どもに対して、いくら暴れても無駄だということを悟らせます。子どもは木や石をたたきます。自然はびくともしません。そこで子どもは木や石をたたくのをやめます。

次には、母親が子どものほしいままの欲望に対してがんとして応じません。子どもは暴れたり叫んだりします。母親はそれでもビクともしません。子どもは叫ぶのをやめます。子どもはだんだん母の意志に自分の意志を従わせることができるようになります。忍耐の最初の芽がこうして育っていくのです」

忍耐はこのように教えていくのです。

忍耐を覚えると、耐える意志力を育てます。これに感謝する心を加えれば、子どもに教える徳育の基本が満たされます。

感謝を教えるには、いつも親がすべてのことに「ありがとうございます」と言って感謝する姿を見せましょう。子どもはそれによって自然に感謝することを学びます。

39 「子育て三種の神器」を知り、実践する

「子育て三種の神器」というものがあります。三種の神器は「愛」と「厳しさ」と「信頼」の三つです。これは親に問われるもので、親がこの三つを知り、それを実践していれば子育てにしくじることはない、子どもが大きくなって非行に走ることはない、といわれるものです。

この三種の神器について話をしましょう。

●①「愛」

子育てにいちばん大切なのは、子どもに親の愛が伝わっていることです。そんなことはわかりきったことと思わないでください。子どもに親の愛がうまく伝わっていないから、子どもの様子がおかしくなるのです。

子育てに問題を感じておられるとすれば、それは子どもに親の愛が伝わっていないしるしなのです。「子どもの問題行動は、親の愛を求めているしるし」とわかっていただきたいものです。親の愛をきちんと伝えてくださると、どんな子どもも閉ざされた心を開いていきます。

●②「厳しさ」

子どもに愛が伝わっていれば、子どもは親の言うことを素直に受け取るものです。愛を伝えることを後にして、厳しさを先にするとうまくいきません。

ここで、「肯定は肯定を呼び、否定は否定を呼ぶ」という言葉を覚えていただきたいと思います。

最初に子どもを二つ、三つほめて、愛情を示した後、子どもの直すべきところを言ってあげると、子どもはそれをすっと素直に受け取り、自分の行動を直すことができるのです。しかし、最初に「おまえはだめなやつだ。ここを直せば認めてあげる」と順序を逆にし、否定から始めると、子どもの「どうせだめだから、直さない」などという否定反応を呼ぶだけです。

家庭には、必ずルールがなくてはいけません。その家庭、家庭に従って、ルールづくりをしっかりしていただきたいと思います。

例えば、朝は起きたら必ずあいさつをする、履き物はそろえる、開けた戸は必ず閉めるなどです。ルール違反の時は、注意すると約束を決めておけばよいのです。

ルールが決まっていれば、子どもはなぜ自分が注意され、あるいは叱られたか理由がわかります。

ルールが決まっていないのに、一方的に親の気分で叱ると、子どもは叱責を素直に受け取ることができません。

わが家のルールの中で一家のボスは父親であることを、子どもが小さい時に、しっかりわからせておくことが大切です。

子どもにしたいようにさせ、子どもをボスにしてしまい、両親が召し使いの位置に落ちてしまっては、家庭の秩序は保たれません。

自分が間違ったことをした時は、自分の両親は怖い、厳しく叱られるという体験を、子どもが持っていることが必要です。

●③「信頼」

両親が子どもを見る目は、常に信頼でなくてはいけません。子どもがどんなに間違ったことをしても見捨てないことです。

子どもが育った姿は、必ず親が育てた姿です。よく育ったのは親のせい、悪く育ったのは親のせいではないなどと、区別をつけないようにしましょう。

子どもがおかしく育った場合、つまり非行を犯すようになった場合、親はよく、「子どもをそんな姿になるように育てた覚えはない。子どもが勝手に悪くなったのだ」と言い逃れをします。困るのはそれを言い逃れと思わずに、本当にそうだと信じ込んでいる親が多いことです。

あるいは、「どうしてあんなふうに育ったのかわからない」と言う親が増えているのも、困ったものです。

子育ては、親に責任があるのです。自分で子どもを育てておいて、「どうしてあんなふうに育ったのかわからない」というのは責任逃れです。

そんな親ばかりだったら、この国は滅びてしまうでしょう。

何が正しいか、正しくないか、小さい時から教えてこなかったことに、子どもの非行の原因があるのです。子どもの人格をつくったのは親なのです。子どもに小さい頃から、しっかり愛を伝え、同時にいけないことはいけないと、厳しく伝えて育った子には、非行を犯す子はほとんど出ないのです。

子どもに愛情を伝え、厳しさを伝えて育てた子どもなら、後は親がひと言「信頼してるよ」と言ってあげれば、子どもは親の信頼に応え、間違うことがほとんどないものです。

万一、それでも間違った時は、あくまでも親の信頼を見せることです。子どもはそのことで、自分を取り戻し、立ち直ることができます。

ある中学校一年生の子どもが集団万引き事件に関わり、父親は警察に呼び出され、学校にも呼び出されました。十一人の子ども達がスーパーで集団万引きをし、それが発覚したのです。

幸い初犯であり、スリルを味わいたいという動機からやったということが認められ、穏便にすませてもらうことができました。

この時集まった十一人の子ども達の親達は、子ども達にどう対応したらよいのか、ひどく迷いました。

「家で厳しく罰を与えなければならない」「監視団をつくって、子ども達の行動を、今後見張る必要はないのか」という極論まで飛び出しました。

そのうちの一人の父親は、私の講演を聴かれ、子育て三種の神器について知っておられました。そこですでに、三種の神器の考え方に沿って、わが子との対応をすませておられました。

その父親は次のように対応されたのです。

まず、子どもにいきなり怒鳴ることをせずに、親の愛を伝えました。

「お父さんも、お母さんも、おまえのことをとても愛しているよ」

今まで、子どもに愛しているなどと言ったことがないので、これにはちょっと勇気がいりました。けれども、これが基本だと聞いたので、ここから始めないわけにはいきません。いきなり叱りつけることから始めれば、子どもの心は閉ざされてしまい、後の言葉が入っていかなくなります。

子どもはひどく叱られることを覚悟していたのに、意に反して、父親に優しく愛を伝えられたので、ほっとしたようでした。

父親は続けました。

「お父さん、お母さんはおまえを厳しく育てたつもりだ。だから、おまえは何が良いことか、悪いことか、十分学んでいるはずだ。ところで今度のことだが、おまえは良いことをしたと思っているのか、悪いことをしたと思っているのか」

子どもは「悪いことをしたと思っている」と答えました。

「万引きをする前に、万引きは悪いことだと考えなかったのか」

「心のどこかでそう思った」

「心で悪いことだと思ったのに、なぜやった」

「みんなでスリルを味わいたかったんだ」

「スリルは味わったか」

「味わった。でも、もうしたくない」

「そうか、もうしたくないのか。それで、どうしなくてはならないと思っているか」

「反省しなくてはいけないと思っている」

「反省だけか。迷惑をかけたお店の人にどうするつもりだ」

「謝らねばならないと思う」

「そうだ。それでこそ当たり前の人間だ。自分で謝りに行くか。お父さんについて来てほしいか」

父親は子どもにだけ謝らせれば、それですむとは思ってはいませんでした。こういう時こそ、いい加減にせず、親も一緒に迷惑をかけた人に頭を下げることが必要です。

結局、父親も一緒になって、迷惑をかけた店に謝りに行ったのです。

そうして、次の言葉が最後の仕上げの言葉でした。

「お父さんとお母さんは、おまえのことを二度とこのようなことはしないと信頼しているよ」

この子は見事に立ち直りました。それまでは、厳しく叱ることしかしなかった父が、いきなり怒鳴ったり、殴ったりせずに、親の愛で接していったのです。

今までは、叱られてもまた悪いことをしでかしていた子が、この時父親から愛と信頼の言葉を得たことから、二度と親を困らせることのない子に変身しました。

ここで「肯定は肯定を呼び、否定は否定を呼ぶ」という言葉を思い出していただきましょう。

父親がもし、愛を伝えず、厳しさだけでこの出来事に対応したら、子どもの心はどう動いたでしょう。自分を認めてくれず、信頼してくれない親に、心を開いて、父親の言葉を受け入れたでしょうか。

親の愛が伝わり、厳しさが伝わり、信頼が伝わると、それまで非行をしていた子が、ピタリと立ち直ります。

子どもは無意識の心の底で、いつも父親に認められたい、ほめられたい、愛されたいと願っているのです。その願いが満たされた時、子どもは親に心を開いて、親に素直な子に変わります。

他の親達も、この父親の話を聞いてどう対応したらよいかを学び、ほっとした表情を見せたということです。

40 「自由」にしても、「放任」はしない

親は子育てにおける「自由」と「放任」の違いを理解しなければいけません。自由と放任はどう違うのでしょうか。

放任は放縦《ほうしょう》を育てます。放縦は勝手気ままにして責任を持ちません。人に迷惑をかけても自分がよければ平気です。

一方、自由には責任が伴います。自由の基本にはルールを守るということがあるのです。人に迷惑をかけてはいけない、自分のしたいことをするのは自由だが、その時に判断が伴わなければならないのです。

判断には良心が添っています。それは悪いことと、良心が教えます。悪いことだから勝手気ままにしてはいけないと、良心が指示を与えます。そこで行動を決定するのは意志です。

意志は、どう働くのでしょうか。意志は人間に働きますが、動物には働きません。動物は外部からの刺激があると、それを感知し、逃げる、攻撃する、とって食べるなどの内からの行動に従います。

人間はその時に意志を働かせることが、動物と大きく違う点です。人間は外部からの刺激を受けると、そこから感情が起こり、欲望が生じるところまでは動物と同じです。しかし人間はそこから判断が起こり、先が二つに分かれるところが動物と違うのです。

人間は刺激を受けて、一方では感情と欲望から勝手にしたいという思いが出てきます。しかし、もう一方の良心の側から、それをしてはいけないという判断が出てきます。

この二つの心が葛藤します。だから人間は意志に従って気ままを抑え、行動するという勇気が必要になります。これにはかなりの意志が必要です。どちらに従うか、自分で責任を持って決めなくてはなりません。これが自由意志という場合の自由なのです。

小さな頃から、親が「いけません」ということを言わない方針で育てると、この強い意志力が育たないのです。勝手にしてよい、気ままにしてよいという心が、その子の本質の部分に入って、その子が小学校に上がって、これではいけないと親が気づき、改めようとしてももう遅いのです。

41　子どもを「一家の王様」にしない

平成十二年五月に、佐賀の十七歳の少年がバスジャック事件を引き起こしましたが、その時地元の新聞にでかでかと報じられていたのは、その少年がお父さん、お母さんに、「おまえ達は俺の召使いだ」と言っていたということでした。

これはどういうことを表しているのでしょうか。この少年は、小さな頃から「いけない」と言われることがないまま育てられたので、親は自分の言うことを聞いて当たり前というようになっていました。すなわち子どもが一家の王様になっていたのです。

だから警察が「お父様、あの子どもの説得に行ってください」と言っても、親は出て行かれなかったのです。

「平生子どもの方が王様で、私の言うことなど聞かないのに、私が今さら出て行ったって聞くはずがない」ということで、親が出て行かれなかったわけです。

このケースでは、子どもの教育に親が全く権威を失ってしまっています。力を失ってしまい、子どもの言う通りになっています。これは、子どもが小さな頃から親が、「いけません」ということを一切言わない方針で育ててきたことの結果だといえるでしょう。やはり、いけないことはいけないと教えなければいけないのです。

平成十一年から、文部省（現文部科学省）も家庭教育の大切さを広く意識してもらうことを願って、『家庭教育手帳』という冊子を作成し、妊娠したお母さんに母子健康手帳交付時に配布するようになりました。

この中には、「間違った行いはしっかり叱る」「子どもに我慢を覚えさせる」といった、子育ての基本となる大切な考え方が書いてあります。子どものしたい通りに

させてはいけない、教育の基本は幼児期にあるということが書いてあるのです。

また、小中学生の子どもを持つ家庭には、『家庭教育ノート』が学校を通じて配布されるようになりました。

これらの本を母親だけでなく、父親も目を通すことが必要です。

家庭で幼児期の教育をしくじってしまうと、気に入らないことがあるとすぐキレてしまう、自分の感情をコントロールできない子に育ってしまいます。

42 だだをこねる子の機嫌取りをしない

これまで、よその子どもが悪いことを

していても、黙っておこうという風潮がありましたが、最近になってようやく、社会全体で子どもの間違った行為は注意しましょう、という空気が出て来ました。子どもが間違った行為をしていても、今までは知らん顔をしていたのですが、やはり周りの親がそれを教えないといけないということを、世間が言い出したのです。

親自身もやはり、わが子にいけないことはいけないと言えなければいけません。そして、たとえ叱る際に子どもを叩いてしまったとしても、何だか悪いことをしたといって自分を咎める必要はないのです。自分は正しいことをしたのですから。その代わり、子どもがちゃんと反省してよく言うことを聞いた時には、しっかり抱いてほめてあげるということが大切です。

ところが、子どものすることを全部受け入れるということを、三歳までにやってしまうと、後から直すことはできません。

例えば、買い物に行ったお店で、子どもがあれ買ってくれ、これ買ってくれと、ひっくり返ってだだをこねることがあります。そんな時、子どもの言うことを聞かないと周囲に対してみっともないので親が子どもの欲しがるものをつい買ってあげてしまうと、自分がひっくり返れば親が何でも買ってくれるということを子どもが覚えてしまいますから、もうだめです。

親がいけないことはいけないと言えなかったがために、わが子を王子様、王女様に育ててしまうわけです。

そういう場合は、たとえみっともなかろうと、とにかくきちんといけないことはいけないと言って、叱らなければいけません。そして子どもが我慢ができたら、「よく我慢できたね、偉かったね」とほめてあげることです。

しかし、それを一生懸命ご機嫌取りをする親がいます。子どもがマイナス状態の時にご機嫌取りをしてはいけないのです。プーッとむくれてだだをこねる子どものご機嫌取りをするのは、間違った教育です。

そういう場合は無視をするのです。子どもがいい状態の時にはしっかり抱いて愛情を伝え、ほめてあげて、悪いことをしている時は叱り、放っておくのです。反省して良くなった状態の時に、しっかり認めてあげほめてあげるということをしてくださればいいのです。それを小さい頃にやってあげると、欲求不満なんか持たない子どもが育ちます。

しかし、何でも認めてあげると逆に欲求不満の子どもを育ててしまいます。何でも願いが叶えてもらえる、そういう習慣をつくっていますから、してくれないと欲求不満になるわけです。

一方、我慢を知っている子どもは、欲求不満になることはありません。こんなことを主張するのは自分が間違っていると、ちゃんと理性的に自分を抑えることができるのです。

43 きれいな心と汚い心、どちらがいいか聞いてみる

子どもに心の話をしてあげましょう。

「あなたは心がきれいな方がいい？　汚い方がいい？」と、子どもに聞いてみましょう。そうしたら子どもは「きれいな心の方がいい」と言うでしょう。わがままな心はきれいではないことを教えてあげましょう。

また、「自分のことしか考えないのは、心が小さいのよ。心が大きい方がいい？小さい方がいい？」と、聞きます。子どもは「大きい方がいい」と言うでしょう。人には意地悪をして自分のことばかり考える人は心が汚く、心が小さい人であること、逆に人が喜ぶことをする時、心が大きくなることを教えてあげましょう。

心がきれいな方がいいか汚い方がいいか、大きい方がいいか小さい方がいいか、という心の話を子どもはとても喜んで聞きます。どの子も本来はきれいな心の持ち主です。親が心の話をすることで、子どもはどういう人になるべきかわかっていくのです。

いつも自分が中心でないといけない、他の人も一番になりたいのに、自分が一番じゃないとだめというのは、心が小さい、心が汚いということを教えてあげれば、そこから育っていきます。

例えば、「ここにブランコがあって、誰にも譲らないで、自分一人で乗る、他の人がいっぱい待ってる、この子は心がきれい？　汚い？　心が大きい？　小さい？」と、子どもに聞いてみます。他の人のことを考えない子どもは心が大きくない、小さい、心がきれいでもないということを日頃から話をしてわからせていれば、自分がそういう状態の時、それは心の大きい子のすることか、きれいな心の子がすることか、わかるのです。

このように、自分の心をきれいにしようという思いを持たせれば、みんな心のきれいな子に育っていきます。

ところが、そういったことを子どもに少しも考えさせないでいるために、子どもが汚い心のまま、小さい心のままでいるのです。親はぜひ、子どもに心の話をしてあげて、人が喜ぶことをすると心が大きくなるよと、教えてあげましょう。

また、お家の人の喜ぶことをすれば、心がそれだけ、大きくきれいになることを教えてあげましょう。

例えば「お家に帰ったら上がる時、靴をきちんとそろえてね。おじいちゃん、おばあちゃんの靴もきちんとそろえてね。そしたら僕の心が大きくなるしきれいになるよ」と言ってあげると、今まで靴をそろえたことのないような子どもが、家に帰った時きちんと靴をそろえるようになります。

大切なのは、言うことを聞かない、我慢ができない、人のことは考えない、というのは心が小さいし汚いのだということを教えてあげるということです。

子どもはみんな、自分の心をきれいにしたい、心を大きくしたいと思っています。そこを満たしていくことが、心の子育ての大切なポイントといえるでしょう。

ただし、子どもに心の話さえすれば、子どもの心が変わってみんな良い子になると単純に考えないようにしましょう。

子ども達が心の話で変わるのは、基本に親の愛が伝わっていて、人への優しい思いを持つ心が育っているからです。

親の愛が伝わっていない子どもは、人への優しい気持ちを持つことができません。人に対して攻撃的・反抗的で荒々しい姿を示します。

基本は親が子どもの心の働きをわかり、愛を十分に伝えることです。すると子どもの心が育つのです。その上に、心が育つ栄養としていろいろな心の話をしてくださるとよいのです。

愛が心を育てるのです。すると心は驚くほどの成長を見せてくれるのです。

第5章　けじめのある子

44 幼児期に教える「あいさつ」「返事」「けじめ」

昔の人には、子どもを伸ばす知恵がありました。寺子屋では「童子教《どうじきょう》」を教えました。これは今でいう道徳ですが、この道徳を教えることが子育ての中心になっていたのです。

「童子教」は小さな子どもの時に、筋の通った社会道徳を教えるために用いられました。子ども達は「童子教」を学ぶことによって、親を敬い、目上の人を敬い、あいさつをきちんとし、感謝の心を学び、立派な行いをすることを学びました。そこで、子どもにどのようなしつけをすればよいか、基本となる三カ条があります。

①朝、必ず「おはよう」とあいさつする。親の方からあいさつする。手本を見せる

②呼ばれたらすぐ「はい」と返事ができる子に育てる

③履き物をそろえる。立った時に椅子を中に入れる

この三つが、幼児期のしつけの大切なポイントといえます。

しつけはどのようにすればよいのでしょう。まず、親が手本を見せることです。

手本を見せることをし続けましょう。子どもは親の言うことから学ぶよりも、親のすることを見て学びます。ですから親が率先してモデルを示すことです。

朝、必ずあいさつをすることを教えるには、子どもが起きてきたら親の方から「おはよう」とあいさつをするようにしましょう。

父親も母親も、子どもが起きてきた時に「おはよう」と声をかける習慣にすれば、子どもも必ず「おはよう」とあいさつするようになります。これで朝のあいさつの習慣が身に付きます。

朝のあいさつがしっかりできる子は、あいさつ上手な子どもに育ち、良い人間関係を結ぶことができる子に育ちます。

二番目の「はい」という返事が気持ちよくできる子に育てるには、父親が母親を呼んだ時、母親が必ず「はい」と答えて、見本を示すことです。しつけとは、し続けることと、親が見本を見せ続けるとよいのです。

三番目のポイントは、履き物をそろえるということです。これはけじめをきちんとつける習慣を育てます。また、自分がしたことの責任をきちんととる子が育ちます。履き物をそろえることを通して、そのような大切なことが身に付けられるのです。

靴を脱いだら、靴をきちんとそろえ、椅子から立ったら、椅子をきちんと机あるいはテーブルにおさめるようにし、ブロック遊びがすんだら、ブロックをきちんと自分で片付けるというけじめをきちんとつけさせましょう。すると、したい放題ではなく、自分のしたことにきちんと責任のとれる子どもが育ちます。

45 コンピュータ時代だからこそ、読書を大事にする

今は激動の時代です。価値観が変わり、世の中の流れが大きく変わっています。ご存じのように、企業ではリストラがしきりに行われています。今までは「会社に入っていれば安心」といった時代だったのに、今では、サラリーマンで何とか一生平凡に暮らしていければよいという考え方が通用しない時代になっています。

これからは会社依存から自立する時代、「個」の確立の時代になるといわれています。いえ、既にその時代に入っています。

すると子どもを育てるのにも、今までの考え方で育てればよいとはいえないことがおわかりいただけるでしょう。これまでの常識のままで子育てをすると、多くの

子どもが自己を確立できず、自立しないまま育つことになり、学校を出ても入る会社がないという事態を迎えかねません。

昨今のテレビや新聞は、高校生や大学生の就職難を伝えています。

そのような中にあって、自立できる子どもを育てておくことが、これからは求められるのです。

それには、子どもにしっかりとした個性を持たせることが必要です。

今までは偏差値教育や客観性が大切にされ、子どもの個性や人間性は切り捨てられてきました。

個性を殺し、周囲と同じ考えを持つようにしないと、自己主張をする子ども、個性のある子は仲間はずれにされ、いじめの対象になりました。

しかし、これからは自己主張のできる人、実力を持ったスペシャリストを育てることが大切です。そのためには、子どものうちから実力を育てることが重要です。自己主張のできる子どもに育てることが大切なのです。

では、どうすれば個性を持ち、自立できる子どもに育てることができるのでしょう。それには次の二点が大切です。

①コミュニケーション能力

②表現能力

①のコミュニケーション能力というのは、他人と人間関係が上手に結べるという能力です。そのためには、接する相手の感情や心理が上手に読み取れなくてはなりません。

ところが、コンピュータ時代といわれる現代、この能力が非常に低下しているのです。子ども達が家に遊びに来てもテレビゲームばかりしていて、一緒になっていろいろな遊びを楽しく工夫して遊ぶという姿は見られません。コンピュータおたくの人間が増えていて、人間関係がうまく結べないという人が増えているのです。そのため、若い年代の殺人事件などという不幸な事態が生まれています。

小さな子どもの時期に、もっと豊かな人間関係を築かせるように、親が子育てを考えなくてはなりません。

②の表現能力は、豊かに築いた個性をもとに、自分のビジョンを人に伝えられる表現能力を育てることが大切なのです。そのためには小さい頃から表現力、作文力を育てるようにしましょう。いろいろなコンクールに応募させ、力を磨かせましょう。

また、個性を育てるには、情報を得る能力に差をつけることが求められます。

一般に人はどのように情報を得るでしょう。ほとんどの人が新聞、テレビ、ラジオから得ています。すると、得ている情報はたいていい同じということになります。

テレビやコンピュータだけではだめです。本を読むことが大切です。たくさんのマスコミにのらない大切な情報、真実を伝える情報があります。それらを精選して読むことによって、独自のビジョンを築く能力を育てることが大切です。

そのためには子どもの頃から、テレビやコンピュータおたくでなく、本が好きな子に育てておくことが大切なのです。

これまでは人、物、金の時代といわれてきました。二十一世紀は頭、知恵、情報の時代といわれます。情報収集、加工する能力を子どもに育ててやりましょう。

46 みかんを配る順番で、家庭の秩序を再確認

一家の中に秩序がないと子育てはうまくいきません。一家の中の秩序とは、まずおじいちゃん、おばあちゃんを立て、それから父親、母親というように、年齢の順番を大切にすることです。そうすれば秩序が保たれるのです。

例えば一家でみかんを食べるとします。そんな時、よく小さな子どもから順にみかんを渡したりします。しかし、これは間違ったやり方です。

正しくしつけたいのであれば、「はい、このみかんをまずおじいちゃんにあげて」と言って子どもにみかんを渡し、それをおじいちゃんにあげさせるのです。

次に「おばあちゃんにあげて」「パパにあげて」というように年齢の上の方から順番にあげるようにして、その後「お兄ちゃんにあげて」「お姉ちゃんにあげて」「はい、あなたが食べていいよ」というようにすると、子どもがちゃんとみんなに分けてあげて、自分がいちばん最後にもらうというふうにしつけることができるので

す。

ところが、普通は小さい子をいちばん上に立ててしまいがちです。秩序をひっくり返してしまうのです。

親が上の子より下の子を大切にしてしまうと、兄弟は仲が悪くなります。上の子のジェラシーがひどくなり、下の子に優しくなくなってしまうのです。なんで僕が後なのだと、心の中に不満が生まれます。それは無意識の心の働きです。自分の方が先に生まれて当然立てられるべきなのに、下の子を大切にするから納得ができないのです。

逆に「お兄ちゃんが先に生まれたんだから先よ」と言って、上の子を親が立ててあげれば、上の子はとても満足し、下の子に優しくしてくれるようになります。そうなると、家の中にはきちんと秩序があって、上の子が下の子の面倒を見て優しくしてくれるので、トラブルが起きないのです。そういう兄弟は社会に出てからも、とても仲がいいものです。

親に対等に扱われた兄弟は、喧嘩ばかりして、社会に出たら家族のことはお構いなしで、家を出たら全然連絡をしたがらないという具合に、人間関係が切れてしまいます。

大切なのは家の中の秩序です。まずおじいちゃん、おばあちゃんを立て、そしてお父さんを立てるようにしましょう。また、一家の父親を立てなくてはいけません。父親もまた、それに相応《ふさわ》しく振る舞ってくださらなくてはいけません。

47 早めに子ども社会にもまれるのも大事

最近、兄弟のいない一人っ子が増えてきていますが、私は、できれば二人、三人と子どもをたくさんつくっていただきたいと思っています。というのは、一人っ子というのはそれだけで問題があるといわれているからです。

一人っ子は、子ども社会が家の中になく、大事に大事に育てられます。すると、心が歪《ゆが》んで育ってしまい、周りに適合しなくなってしまうのです。

非行少年の大部分が一人っ子という話もあります。大家族の中で、たくさんの子どもの中で育った子どもに比べ、非行に走る子どもが育ちやすいのです。

お父さん、お母さんに叱られることなく育った一人っ子は、よそに出た時、大きなショックを受けます。というのは、よそに出ると王子様、王女様ではいられないわけです。友達と衝突するたびにどつかれたり、突き押されたりします。先生からは、だめです、いけない、いけませんと、叱られます。それがショックで、うまく対応できない子に育ってしまうのです。

ですから、できることなら子どもは二人以上つくっていただきたいのですが、そうでなければ、子どもを早くから子ども社会に入れてあげるように心がけなければなりません。

二歳、三歳の頃から保育園や、幼稚園に入れてあげてください。そうすればその子ども社会の中でもまれ、主張すべきことを主張することを学びます。

また、我慢すべきことは我慢する、譲るべきことは譲る、そういう人間関係をその中できちんと学んでいきます。そして、ちゃんと社会に適合することができる能力を育てていくことができるのです。

一方、保育園にも幼稚園にもずっと通わせずにいて、五歳になって初めて人間関係の中に入れるようなことをすると、子どもはそこで初めて先生や友達にきつく言われる体験をして、ショックを受け、社会に適合できなくなってしまいます。

特に一人っ子のお父さん、お母さんは、その点を十分に注意して、子どもに接するようにしてください。

48 認めてほめれば、明るい自信になる

子育ては認めて、ほめて育てるのがよいのです。ところが、叱って育てる育て方を選んでおられるお母さま方がなんと多いことでしょう。

子どもに存在感を与えると、困ったことはしなくなるのです。自分のすることを認められ、ほめられ、愛されて育つと、安心感があり、自信を持って育つので、親の言うことを穏やかに受け入れ、気持ちの優しい子に育ちます。

自分の存在に自信があるので、きちんと自分の言いたいことが言え、人にいじめられることもありません。人への優しい思いを育てているので、いじめをすることもありません。

ところが、叱られてばかりいると、この世は不快、怖いと心が思い込み、その反応が問題行動となるのです。まともに社会に入っていけなくなります。子どもは叱られても本当の意味はわかりません。やりたいことをすると叱られると無意識の心は思い込みます。

すると抑制の効きすぎた人間になるか、反抗的な人間になります。叱られて育つと本当の人間形成ができず、借り物の人間形成ができてしまうのです。

本来は人生に対して明るい気持ちを持った人間に育つはずなのが、マイナス感情を持った人間に育つのです。

逆に、認めてほめて育てるとどうなるでしょう。子どもは明るく育ち、人生を肯定的に受け止める明るい心の習慣が身に付きます。積極的な、本物の人間形成が行われるのです。

子どもは一人一人が完璧なのです。ただし、「玉磨かざれば光なし」で、曇っているのです。玉を曇らせているのは、親の子に対する見方です。

親が子のマイナスは口にせず、良いところばかりを笑顔でほめて言うようにすると、子どもはたちまち光り輝き始めます。子どもはもともと完全なのです。不完全な人間などいないのです。

親が自分の子を認め、ほめ、愛して育てると、どの子も自分の存在に自信を持ち、自分の持っている本来の能力を発揮し始めます。

49 叱るのは1分以内、一度だけ

子どもを叱って育てるのは良くない、それよりも子どもの見方を変え、育て方、接し方を変えてくだされば、ほとんど叱ることもなく、言って聞かせるだけでわかる子どもが育つということを述べました。

基本に母親の愛情が伝わっており、母と子の信頼関係が育っていれば、ほとんど叱ることはなくてすむのです。

しかし、間違えてほしくないことは、子どもがいけないことをしているのに、それを注意しない子育てをしてはいけないということです。

①人を傷つけた時は叱る
②人に迷惑をかける行為をしている時は叱る
③黙って人の物を盗《と》った時は叱る

という三つのルールをきちんと子どもに伝えましょう。

子どもがいけないことをした時は、まずその場で「いけません。それはしてはいけないことよ」と厳しく注意します。

その後が大切です。子どもと二人きりになる時をつくり、「あなたがさっきやったことは人間としてしてはいけないことなのよ。やらないでね」と注意し、その後で「お母さんはあなたが大好き。あなたのこういうところが好きよ」と、具体的に子どもの良いところを挙げてほめ、母親が子どもを認め、愛していることを伝えます。すると叱っても子どもは傷つかなくてすみます。

叱り方が大切なのです。厳しく叱り過ぎると逆効果です。「お父さんに言いつけますからね」という言い方をしてはいけません。

せっかく反省の気持ちが生じているのに、その気持ちがふっとんでしまいます。子どもの心に恐れが生じ、そのようなことを言う母親に信頼を持たなくなります。母親を信頼しない、父親を恐れる。お父さんに言いつけることは、親と子の信頼関係を壊すことになることがおわかりでしょう。

子どもをそのことで一度叱れば十分なのです。父親にもまた叱ってもらうというのは、一つの過ちに二度罰を与えるということです。この不合理に気づいてくださらなければいけません。

むしろ母親がきつく叱った後で、愛情を伝える言葉でフォローし、「このことはあなたとママとの間のことにしておきましょうね。パパには言いつけませんからね」と約束する方が、ママは厳しいけれど、優しいところがあると信頼してくれるでしょう。

そして叱るのは一分以内におさめること。くどくどと叱り続けると、子どもは聞く耳を持たなくなります。一、二度なら反省して、いけないことをした、もうしない、という気持ちでいるのに、くどく言われると、ママは自分を嫌いなんだ、と思わせてしまいます。

叱り方で母子の信頼関係が壊れてしまい、それからの子どもの様子がおかしくなります。言っても聞かない、ママが頼んでも知らん顔、悲しい表情をしても少しもママの気持ちなどわからない、といった様子を見せます。

これは母子の信頼関係が壊れているしるしなのです。そのような場合は、母子の信頼関係を修復することをまず考えましょう。

第6章　伸びる子

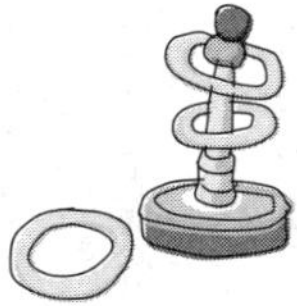

50 子育てに基準を設けない、比較しない

子育てで大切なのは、子育てを楽しんでくださることです。親がイライラしながら子育てをすると、親もストレス、子もストレスのまずい子育てになります。子育てが楽しいどころか、苦痛になり、子どもをマイナスに見て、そういう子育てをしている自分に嫌気がさします。

同じ子育てをしていても、楽しい子育てと楽しくない子育てがあるのです。それはお母さんの子どもの見方、育て方次第なのです。

子どもの成長、発達の見方を変えると、いっぺんに気が楽になります。思い切って今までの見方を変え、育て方を変えてみましょう。

子どもをあるがままに受け入れ、その子の個性を育てるという見方、育て方をしてくださるとよいのです。

逆に子育てをマイナスにする二つの見方があります。一つは子育てに親が基準を設けて見ること、もう一つは他の子と比較することです。

子育てに基準を設けてしまうと、あそこが足りない、ここが足りない、基準より遅れていると、やきもきする原因になります。

例えば、うちの子はまだ言葉が出ないとか、まだ歩けないなど、成長の遅れに対し、親はついこだわってしまいがちですが、それでは子育てはうまくいきません。子育てに基準を設けたらいけないのです。

なぜなら親はいつもその基準で見てしまうようになり、「うちの子はまだその基準に達しない」と、ストレスでいっぱいになってしまいます。すると、そのストレスは子どもに向かってしまい、「親は自分のことをだめだと思っている」と子どもは思い込んでしまいます。

また、他の子と比べてもいけません。他の子と比べて、うちの子は遅れているという見方をしてしまうと、親の気持ちは平静でいられなくなり、気持ちがイライラしてどうしようもなくなります。

すると、優しい言葉は出なくなり、子どもに辛くあたる言葉がどんどん飛び出します。それが悪いとわかっていても、どうしようもありません。

お母さんの気持ちのイライラが解消しない限り、お母さんの口から子どもを認める優しい言葉は出てこないでしょう。

51 「昨日できなかったのに今日できた。すごいね」と毎日感動

子育てのいちばんの基本は、基準など設けず、子どもをそのまま受け入れてくださることです。「〇〇ちゃんがそこにいてくれるだけで、パパとママは幸せよ」、これを言えることが原点です。

「あなたがそこにいるだけで、もうママは困る。犠牲を払っている。忍耐している」という思いで子育てをしていたら、子どもはうまく育ちません。

そうではなく、素晴らしい宝ものをもらって、もうそれだけで嬉しいという、子どもを授かった時の原点に返らないといけないのです。赤ちゃんが生まれて喜んだ時の気持ちに返って、そこから育てていけばいいのです。

ここが遅れている、ああしなくてはならない、こうしなくてはいけないという義務感から自分を解放しましょう。

少々発達に遅れがあっても、それは問題にしないことにしましょう。右脳教育をすれば、それは後で取り返しが可能なのですから。

現実に、障害を持って生まれ、平均的な成長の基準から大きく遅れ、「この子は生涯この遅れが取り戻せないでしょう」と言われた子ども達が、右脳教育で認めてほめる教育をしていった結果、見事に遅れを取り戻し、普通学級に入り、健常児よりもすぐれた成績を見せる子どもに育った例がたくさんあります。

障害があったり、遅れがあったりしていても、基準を設けずに、他の子と比較せずに、その子の個性的な成長、発達を認め、子どもの努力、成長した点、よくできたことをほめて育てると、見事な成長を見せ始めます。

ですから、基準をゼロにして、昨日よりここまできた、こんなに立派になった、ここまできた、というように、一つ一つの変化を喜んでいくようにしましょう。

「わっ、これができちゃった、昨日できなかったことが今日できた。すごいね」と、本当に心から感動していくと、毎日が感動の日々に変わっていきます。子どもがこんなに変わった、わがままがこんなに消えた、というように、ちょっとした進歩を心から感動し、喜びを伝えていくと、子どもも変わっていくのです。

マイナスに見ている間、親もストレスでいっぱいだったのに、その子の良い点、伸びた点に目を向け、ほめて育てると、とたんに子どもが変わり始めます。

子どもをそのまま受け入れ、子どもをプラスに見てくださることがいちばん大切なことです。

52 右脳教育で心と可能性を育てる

右脳教育とはどんな教育なのでしょう。初めての人には全く聞き慣れない言葉だと思います。

人間には二つの脳があります。意識脳である左脳と、無意識脳である右脳です。脳はこの二つが連動して働く時、最高の働きを示します。

右脳の原理は、まだほとんど知られていないと言ってよいでしょう。科学者が、「サイレント・エリア」（未知の領域）と呼んでいる前頭葉の働きはまだ知られていませんが、実はここに人間が進化するための進化機能があるのです。

右脳にはまだまだ未知の能力があり、その発生源は「サイレント・エリア」にあるのです。

右脳の前頭葉が進化の脳の中心核なのです。ここは間脳とつながっていて、間脳こそ人間の諸能力の大本です。

神経解剖学によると、自律神経の中枢である視床下部《ししょうかぶ》は視床背内側核《ししょうはいないそくかく》を通じて前頭葉とつながっているとされ、前頭葉は大脳辺縁《へんえん》系や視床下部に対して影響力を持ち、かつ感覚領と運動領をつなぐ働きをしているのです。

前頭葉は生物の進化の過程で最も新しく生まれた脳葉で、下意識の活用が意識領域であるこの前頭葉に入ってくると、高次元能力が生まれるのです。

ところが通常、人は左脳ばかりを使っていて、右脳をほとんど使わないでいるのです。ハーバード大学のノーマン・ゲシュウィンドとアルバート・ガラバーダは脳を解剖学的に調べ、天才的と呼ばれる人達は脳を左右バランスよく使っているが、普通の人間は脳の使い方が極端に左脳に偏っていると述べています。

カリフォルニア工科大学のJ・E・ボーゲン博士も「これまでの教育は、左右ある脳の一つの半球体（左脳）だけを教育し、半分を残したままにしている」と述べ、右脳の能力を無視したまま使わずに終わっていると指摘しています。

二十一世紀の教育は、このようなバランスを欠いた教育ではなく、左右の脳をバランスよく使う教育を考えるべきでしょう。

今まで使わないでいた右脳にこそ、ひらめきや想像性、創造性の働きがあり、感性や人間性も右脳に深く関わっているのです。

左脳と右脳とでは、機能がまるで違うのです。左脳は言語で思考し、記憶します。話す、聞く、考える、記憶する、学ぶ、情報を伝える……すべて言語を媒体としています。

右脳はイメージで思考し、記憶します。イメージで情報を受け取ったり、送ったり、イメージで考え、理解し、記憶するなど、言語を使わずにイメージで脳を操作する働きが右脳にあるのです。だから左脳を言語脳、右脳をイメージ脳ということはよく知られた事実です。

ところがこれまでの教育を振り返ってみると、言語の操作を教えることはしても、イメージの操作を教えることはほとんどなかったといってよいと思います。人間の脳を言葉で動く左脳だけを「単一の中枢」と思い込み、右脳の機能を知ることがなかったからです。

人間は本来素晴らしい潜在能力を持っているものなのですが、それをほとんど使っていないのです。人間が使っている能力は、持っている能力のわずか三パーセントぐらい、といわれるくらいです。

実は、その隠れた潜在能力の大きな部分は、右脳に出てくる能力だったのです。ところが、この右脳についての研究がほとんどなされないできたため、誰も右脳の能力に気づくことがなかったのです。

その能力に気づき、その能力の引き出し法を知ると、子ども達の能力は一変します。右脳のイメージは文字や言語の何百倍、何千倍、何万倍もの強烈な教育効果を持ちます。

これまでは学習遅滞児で伸びることがほとんどなかった子ども達や、脳に障害を持ち、これまでの教育法ではほとんど学習能力を育てることができなかった子ども達が、右脳教育では優秀児に変わることができます。

通常、言葉の遅い子、脳に障害を持つ子は、左脳に遅れがあり、右脳はむしろよく働く力を秘めているものです。

そこで、このような子ども達は、右脳のすぐれた力から引き出してあげ、その力を左脳につないであげると、すっかり健常児と変わらなくなるのです。

学力や能力の問題だけではありません。右脳教育の素晴らしい点は、右脳教育を受けた子ども達が皆心優しい、協調性の高い子ども達になり、感性や人間性、想像性、創造性が豊かに育つという事実が現れることです。これは、左脳教育は対立と競争を学習原理としているのに対し、右脳教育は心を育てることを大切にし、愛と一体感、協調を原理とする教育だからです。

このように、脳の研究が著しく進み、そのおかげで脳の仕組みがはっきりしてきて、これまでにない新しい学習法が誕生したのです。それが右脳教育法です。

53 ほめるから気づく、子どもの潜在能力

一人の子どもの成長に右脳教育の実例を見てみましょう。

五歳のA君は自閉症と診断されていて、まだ言葉もなく、他の子ども達と心を通わせることもできませんでした。

昨年の春、七田の教室に入室してきました。情緒障害があり、発達も大幅に遅れていたので、障害児コースに入ってもらい、先生が一対一で指導することになりました。

といっても、障害児コースの先生の大切な仕事は、子ども自身を教え指導することにあるのではなく、母親に子どもの見方を指導して差し上げるのがまずいちばんに大切なのです。たいていはわが子をマイナスに見ておられるので、そのマイナスの思いを取っていただくこと、親が変われば子も変わるということを知っていただくことにあるのです。

A君のお母さんの希望は、秋にある就学児健診を支障なく済ませ、来春にはなんとか普通小学校に入学させたいということでした。

最初、お母さんはなかなか変わることができず、教室ではA君に強い指示口調で言葉かけをしておられました。そこで先生は「A君の良い面を見て、ほめてあげてくださいね」とお願いしました。

お母さんの態度が徐々に変化してきました。お母さんが気持ちを和《やわ》らげ、A君がリラックスしてレッスンに取り組むようになった頃、夏休みに入りました。小学二年生のA君のお姉ちゃんも一緒に教室に来るようになったので、お母さんも入れて三人で一緒に取り組みをやっていただくようになりました。

これは思いがけぬ効果がありました。右脳を開く取り組みをすると、断然A君が他の二人よりよくできるのです。

これにはお母さんがびっくりしました。〝この子には素晴らしい能力がある〟と気づいてくださったのです。

そしてこの頃からお母さんのA君を見る目が変わってきたのです。A君の長所が次々と見えるようになってきたようでした。そして何よりも嬉しいことは、A君自身が〝お姉ちゃんよりもできる〟ということに気づき、自信を持ったことでした。

A君がレッスンでお母さんを驚かせた能力が《右脳の能力によるもの》とお母さんはご存じないようでした。そこでお母さんに右脳の能力の素晴らしさをお話ししました。

お母さんの見る目が変わると、A君がどんどん変わり始めました。お母さんの似顔絵は「怒った顔」しか描けなかったA君でしたが、お母さんに笑顔が戻り、A君もいきいきしてきました。幼稚園の先生からも「A君は変わったね。何があったの？」と聞かれたそうです。

九月頃より言葉が出てきて、文字の読み書き、数の理解も急速にできるようになりました。

そして十月には、就学前健診があり、面接の最後には校長先生から「大変よくできました。これなら普通児学級でいいですよ」とほめられ、お母さんもひと安心されたということです。

A君は、入室して四カ月たった夏頃から、急速に変わり始めました。どうして変わり始めたのでしょう。お母さんが変わったからです。子どもの遅れを見るのではなく、子どもの本性を見ることができるようになり、子どもと心を通わせるようになられたからです。

子どもが思うように成長しないというのは、目に見える学力や能力の発達を気にし、子どもの心不在の教育になっているからです。その時は親も子もストレスいっぱいの左脳教育をしているのです。

左脳教育では、子どもが心を閉ざしているので、記憶力も理解力もよく働かないのです。ところが親が、学力や能力よりも子どもの心を育てることが大切とわかり、子どもをマイナスに見るのをやめて、子どもを信じて子どもに愛を伝えると、子どもは急速に変わります。記憶力が悪いと思っていた子が急にすぐれた記憶力を働かせるようになって、遅れを急速に取り戻します。

生まれつき頭が悪いとか記憶力が悪いなどという子は、本来一人も存在しないのです。ただ子どもが心を閉ざしていただけに過ぎないのです。

このように、子どもの心を開く右脳教育をすると、子どもが明るくなるばかりでなく、能力までも一変させてしまいます。

54 予備レッスンで頭を活性化

右脳教育をする時に必ず取り組む予備レッスンがあります。

人間は通常左脳を使うように頭が仕組まれています。だからすべての刺激はほとんど左脳に入ると考えてよいでしょう。

すると左脳の入力は左脳の出力しか生み出さないので、右脳が開けないのです。

右脳を使うには、右脳を活性化させておくという条件があります。まずその条件を満たして右脳に刺激が入る状態にし、それから取り組むことが大切なのです。

右脳を活性化する基本的な取り組みが予備レッスンです。予備レッスンをすると、左脳が働きをやめ、右脳に働きを任せます。すると右脳への入力が可能になり、右脳の出力が得られるようになるという原理です。

予備レッスンは①瞑想、②呼吸、③暗示、④イメージから成り立っています。

①の瞑想は、目を閉じ、心を落ち着けます。

②の呼吸は、いつもよりゆっくり深い呼吸をします。吐いた時にお腹をできるだけへこませて、息を吐きながら「頭がうっとりする」と暗示します。吐く息を長くするほど、イメージが見えやすくなります。

③の暗示は、「ママは○○ちゃんが大好きよ。○○ちゃんとママの心はいつも一緒よ。今からママとイメージ遊びをしようね。ママの言うことが、テレビを見るようにはっきり見えてくるよ」のように言います。

④のイメージは、どんなイメージをさせてもよいのですが、子どもにとっていちばんイメージしやすいのは、胎児に戻るイメージです。どの子もかつてはママのお腹の中にいたことがあり、胎児の頃の記憶はなつかしく甘いものなので、どの子もスッとその頃のイメージができるのです。

そこで次のように言います。

「あなたはどんどん小さくなって三歳になり、二歳になり、一歳になり、ママのお腹の中にいた頃の赤ちゃんになります。今、あなたはママのお腹の中にいて、とてもゆったりしています」

このように言うと、子どもはすっかり胎児に戻って、その頃の様子を鮮やかにイメージで再現できるようになっています。

そこで「お腹の中がどんな様子か」「何が見えるか」「何が聞こえるか」「どんな感じか」などを子どもに聞いてみましょう。子どもは鮮明に胎児の頃の記憶を語ってくれるでしょう。

これは幼児でも、小学生でも、中学生でも、皆同じです。右脳教育の初めには、まずこの予備レッスンをします。

55 イメージの力を信じて実践

右脳教育で大切なのは、イメージを見る力を育てることです。左脳教育では言語を大切にします。右脳教育ではイメージを大切にします。この根本的な違いを知っておくことが大切です。

これまで、イメージの働きというものは、さっぱりつかめない状態でした。イメージは感覚的なもので、機能的な意味は全くない、と長く信じられていたのです。ところが、イメージに驚くべき力があることがようやく知られるようになったのです。

イメージには、イメージしたことが実際にその通り実現するという法則があります。その力を使うと、かけっこでいちばん最後の子が一等で走るイメージをすると、その通り一等になったり、テストで百点をとるイメージをして勉強すると、本当に百点をとったりします。

ここで、茨城県のM・Aさんからのお便りを紹介します。

「十月中旬のことです。幼稚園で縄跳びが始まりました。Mは何もできません。縄をゆっくり前に回してポンと跳ぶのが精一杯です。でも七田先生のイメージの話を思い出して、『M、この靴は魔法の靴なんだよ。この靴を履くとポンポン上手に縄跳びができるんだよ』と言って、靴を履かせました。

するとそれまで跳べなかったのが嘘のようで、十回も跳べました。

その後は順調で、十月二十九日には幼稚園で五十一回連続で跳べました。

先生もびっくりして、『Mちゃん、今日は五十一回も跳べたんですよ。昨日まではほとんど跳べなかったのに、いったいどうしたんですか?』と尋ねられました。そこで私は、『〝実はこの靴は魔法の靴で、この靴を履くと縄跳びができるようになる〟と暗示をかけてイメージさせたんです』と答えました。するど先生は、『イメージですか。すごいですね。これも七田先生のおかげですか』

『はい、そうです』と私。ちなみにMの担任の先生は七田先生の右脳教育について、ずいぶん本を読んでおられる方です。

Mも今ではクラスで二番目の七十七回も跳ぶようになりました。〝イメージってすごい〟と実感しました」

56 「古い脳」の豊かな世界に目を向ける

人間には新しい脳と古い脳があります。イメージは古い脳にいつも豊かに流れているのです。けれども通常新しい脳の抑制が強く、表面に現れにくいのです。

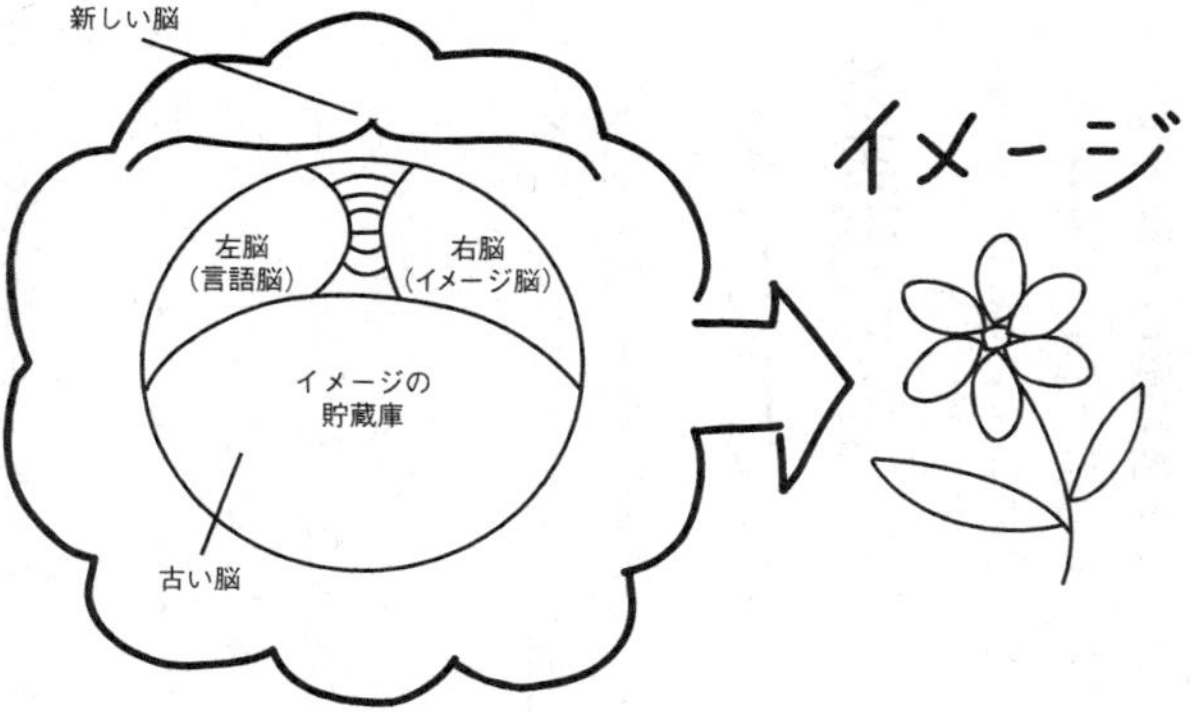

表面の脳は左脳と右脳に分かれ、古い脳の働きは右脳に出る仕組みになっています。

古い脳は素晴らしい能力を秘めている脳です。しかし、古い脳のつくり出す世界はほとんど知られていないのです。

新しい脳に働く意識が低下すると、古い脳のイメージが表面に浮かび出て、右脳の前頭葉で映像化されます。

右脳教育はこの古い脳に豊かに流れるイメージを、いつでも自由に使えるようにする教育です。

右脳教育は、右脳が優位に働く〇～六歳の時期に始めるほど容易ですが、小学生になったからもうだめ、中学生になったからもうだめ、大人になったからもうだめというものではありません。右脳教育では〝もうだめということはない〟のです。

右脳トレーニング、つまりイメージトレーニングをしさえすれば、誰でもみんなイメージが使えるようになるのです。

誰でもイメージが豊かに流れる古い脳を持っているので、これは当然のことです。ただ新しい脳の働きが強く、古い脳の働きが出にくくなっているだけなのです。

寝ている時に夢を見るのは、表面の新しい脳の働きが弱くなるので、古い脳のイメージが右脳に出てきて、夢となって見えるのです。

57 サイモントン療法で夢実現に近づく

ここまで述べてきたように、右脳には普通ほとんど使っていないすぐれた能力が隠されています。その右脳の能力を引き出すのがイメージトレーニングです。

イメージを潜在意識に刻みつけると、潜在意識は刻みつけられたイメージを自ら実現するという働きを持ちます。

今あなたがイメージしていることが未来に現れます。未来は今のあなたのイメージ次第なのです。

イメージするとそれに関連した情報が集まってきます。あなたの発するイメージには波動があり、波動は「類をもって集まる」という法則によって、同じ波長のものをあなたの周りに集め始めるのです。

今はスポーツの世界でも、イメージトレーニングを取り入れるのが一般的になっています。

夢を達成するのに効果的なイメージの仕方があります。

サイモントン療法といい、一日に三回、十五分ずつ瞑想するのです。静かな部屋で椅子に座り、目を閉じます。腹式呼吸をし、息を吐き出すごとに「リラックスする」と心に思います。頭から順に自分のイメージで各部をリラックスさせていきます。そうしてリラックスしながら、自分の病気が治るイメージをしていくのです。病気を治す代わりに、自分の願望が達成されるイメージをすれば、それが願望実現になります。

かつて毎日新聞に、テニスの佐藤直子選手が次のようなことを書いていました。

「自分がコートに出て、相手と打ち始める。自分の足が軽やかに動く。自分がサーブを打って出ていくと簡単な球が返ってきて、バンと決まる。そうイメージを繰返して思い浮かべる。そうすると必ずうまくいく」

天才的野球選手、長嶋茂雄さんが天皇陛下を迎えての天覧試合に、バッターボックスに入ってホームランをかっ飛ばしている自分の姿をイメージして、そして思い通りホームランをかっ飛ばした話はあまりにも有名です。

ソウルオリンピックの陸上女子百メートル走で優勝したフローレンス・G・ジョイナーは、「レースの前にお祈りをし、メンタルビジュアライゼーションをする。自分がそのレースに勝つことをイメージに描く。それも一緒に走っている他の選手達が、私の遥か後方に走っていて、大差をつけて走ることをイメージする。すごく気持ちよく走っている自分の姿をイメージする」と言っていました。

このように、自分の理想とするイメージを常に描くことによって、それに自分を近づけていくことができるのです。

58 お腹の赤ちゃんへの語りかけで右脳を刺激

ところで、赤ちゃんは無限の能力を秘めているということをご存じでしょうか。

これまでお腹の赤ちゃんは何もわからないと思われていました。妊娠三カ月時は、まだ目や耳などの感覚器もできていませんし、脳もろくに出来上がっていませんん。ですから何もわからないといわれていたのですが、実は目や耳などの感覚器を頼りにしない心の働きがあることがわかってきました。そして最近は、その働きにより、お腹の赤ちゃんは父親、母親の語ることが全部わかるといわれています。

ですからお腹の中の赤ちゃんにお母さんが、「元気で育ってね、お父さん、お母さんね、おまえが元気に育つことを心から願っていますよ」と言って毎日愛情を伝えたり、お父さんが出がけに、「パパ、お仕事に行って来るからね、ママといい子にしてるんだよ」と語り、帰って来たら「ママといい子にしてたかい」というふうに一日に二回は語りかけるようにしてくださると、お腹の赤ちゃんがそのたびに動いて喜ぶわけです。

赤ちゃんはお腹の中にいて父親の顔が見えているのです。

また、赤ちゃんには父親の帰りがわかるのです。あるお母さんは妊娠七カ月の時、「パパの帰りを教えてね」とお腹の赤ちゃんに頼んだところ、父親が帰る五分前には動いて母親に知らせてきたそうです。

赤ちゃんにはどうしてそんな才能があるのでしょうか。それは右脳を使っているからです。右脳は波動で情報を受け取るので、父親の帰りが見えるのです。

先に述べたように、右脳には波動で情報を受け取ってそれを映像に変えて見る力があります。人間には左脳と右脳があり、左脳は目、耳、鼻などの五つの感覚系を必要とするのですが、右脳は細胞が波動で情報を受け取り、それを映像に変えて見るという、左脳とは全く違う頭の働きがあるのです。

赤ちゃんがお母さんのお腹の壁など関係なしに見えるのも、右脳の視覚を使っているからなのです。

赤ちゃんには誰でもこのような驚くべき天才的能力があります。ですから、赤ちゃんがお腹にいる頃から胎教をして右脳に働きかけていけば、右脳の開けた子どもが育ち、子育てが非常に楽なものになります。

59 胎教の時から「心育て」を開始

ここで注意していただきたいのは、ここで言う胎教とは心を育てることであって、知恵を教え込むものではありません。子どもの心を育てるのは、胎児の時がいちばん大切なのです。

教育の中でいちばん大切なのは、心を育てることです。知識を育てることではなく、心の子育てがいちばん大切なのです。

知識を育てるというのが今までの教育ですが、これは左脳の教育です。左脳の教育というのは知識を教えて、頭の働きをつくっていき、賢くなってもらうというものです。今までの教育はすべて左脳の教育であり、もう一方の心を育てる教育の方はきれいに忘れられていました。しかし、心を育てることをもっと大事に考えなければいけないのです。

心を育てることは胎児から始まっています。母親が妊娠中にとる食べ物に気をつけ、心穏やかに過ごし、胎児に言葉をかけ心を通わせて育て、母と子の一体感を育てることを何より大切にする、それが胎教です。

胎児の頃からお母さんがしっかり愛情を伝えてくださると、子どもの右脳が開け、赤ちゃんは天才的な素質を育てて生まれます。

普通、出産してから得られる母親との一体感が知能を伸ばす条件なのです。子どもが未知の世界に入って行けるのは、母親との一体感があり、安心感があってのことなのです。

胎児期に母親との一体感を得て生まれた子どもは、生まれてからも穏やかであまり泣かなくて、夜泣きもしない子になります。お腹の中にいる頃から両親の言うことを受け取って育つので、とても理解力があり吸収力のある子として生まれてきます。ですから子育ては、非常に楽なものになります。本当に子どもが素直に言うことを聞いてくれるようになり、楽な子育てができます。

ところが、子育ては生まれてから始まると考え、生まれてから理想の教育をしようとすると、生まれた子どもは泣いて泣いて、母親の言うことも、父親の言うことも聞かず、もうそこから難しくなってしまいます。

お腹の中にいる頃に満たされない気持ちを持っていた子どもは、よく泣きます。よく泣く子、よく夜泣きをする子は、心に悲しい思いがあるから泣いているので

す。
　お腹の中にいる時に赤ちゃんと少しも心通わせず、言葉もかけていない場合、子どもは親と全然通じておらず、寂しい心を抱えているので、それで悲しくてよく泣くのです。しかし親の方は子どもがなぜ泣くかがわかりません。それで少しも心の通わない子育てになってしまうのです。
　一方、胎教をやって心が満たされた子どもは、まず泣きません。嘘みたいに穏やかで、誰にでも愛想がよく、母親から少し離れていても安心感を持って待つことができます。おじいちゃんのところにでも、おばあちゃんのところにでもすっと行きます。滅多なことでは泣きません。だから楽なのです。

ですから、改めて胎教というものを見直していただきたいと思います。ただし、胎児の頃から知識を教え込むというような胎教にならないようにしてください。心を通わせることが大切です。そうすれば吸収力のいい子に育ち、何でもよく学ぶ子が育ちます。親の言うことは素直に聞いてくれるという子どもが育つのです。

60 お腹の赤ちゃんに明るさ、素直さを届ける

人間には二つの要素があります。一つは本質的な要素、もう一つは付属的な要素です。勉強ができる、技術がとても身に付いている、能力が高い……これは付属的な要素で、後から身に付く要素です。こちらが教育の主流であってはだめなのです。

本質的な要素というのは、その子が人間的に明るい、清らかである、素直であるということ、すなわち「明るさ」「清さ」「素直さ」が人間の本質的な要素です。この本質的な要素である「明るさ」「清さ」「素直さ」は、胎児の頃から育つというこ

とを知っておいていただきたいと思います。

ところが、赤ちゃんを授かったお母さん方がそういったことを知らず、暗い気持ちでいたり、絶えずお父さんやお姑《しゅうとめ》さんと喧嘩をしたりしていることがよくあります。

胎児はお腹の中にいる時から、お母さんの思いや願いがすべてわかるのです。胎児特有の性質を理解しましょう。胎児は非常に敏感な意識を持っており、両親や兄弟、周りの人々の心の動きを感じ取ることができるのです。

母親の体の生理作用も感じ、それを自分ながらに理解し反応していく力を持っているのです。一方、母親とは常に一心同体で、母親の感情と自分の感情を区別できないという一面があります。

ですから、もしお母さんが妊娠中に怒りや悲しみを持っていると、胎児は母親の嫌な感情や恐ろしい感情から逃れるすべがないのです。そのため、明るさや清らかさ、素直さのない子どもが生まれてきてしまいます。

お母さんが精神不安定でつらい思いをしていると、胎児も一緒につらい思いを受け取り、それが生まれてからの子どもの性格に影響していることがよくあるのです。その子はいつも何かトラウマ（心の傷）を抱えています。明るさを失った、素直さを失った子どもが育ってしまうのです。

そしてそのまま成長していくと、トラウマを持った親に育ってしまいます。自分が愛情を受けないで育った親は、自分の子どもに愛情が持てないのです。その親からは幼児虐待が始まります。

今、幼児虐待が増えていますが、なぜ幼児虐待が増えているかというと、親から受けた子育てが原因になっているのです。自分の子どもに愛情が持てないのは、自分がそういう教育を受けていないからなのです。

親からの愛情を受け取っていないと、子どもに対する愛情が持てないということになります。第二世代、第三世代になるほど、子どもをまるで物のように感じて、子育てを楽しいものと思えない親がいっぱい育つのです。

ですから胎教が大切なのです。生後、自分や他人を愛することができるかどうか、思い通りの人生を歩むことができるかどうかは、胎児期の体験に大きく左右されるものです。大人になっても、胎児期に学んだ適応パターンを保ち続けます。

良い胎教を受けて生まれた子どもは、非常に明るく素直で、親の言うことをとても受け入れるので、本当に楽な子育てができます。

胎教については、今まではただ音楽を聴かせるくらいにしかとらえられていませんでした。しかしもっと深い意味があるのです。

61 食生活は、水と塩と「まごわやさしい」に気をつける

ここまで述べてきたように、子育ては胎児期から始まります。胎児の心と体の健康から子育てを考え始めなくてはいけないでしょう。ここで、妊娠中に食事の面で注意すべきことを紹介します。

まず、胎児にとっては水が主食になります。なにしろ羊水の中で育つのですから。

ところが最近は「羊水のきれいな妊婦さんはいない」といわれています。ここで、水道水が良くない水になっていることを知らなくてはいけません。水道水が変異原性を持つ物質を含んだ危険な水になっているのです。

変異原性を持つ物質とは、遺伝子に突然変異を起こさせる物質のことで、そのような水を飲み続けていると、奇形を持つ子、障害を持つ子を産む確率が高くなります。

良い水をとれば、血液や細胞はきれいになります。水は急速に卵巣と子宮と脳組織に到達します。

水が悪いと、食べた物が腸内で異常発酵を起こして有害物質をつくり出します。この頃の新生児にアレルギーが多いのは羊水の影響です。

もう一つ、塩は食卓塩ではいけません。自然塩をとるようにしましょう。食卓塩は純粋なナトリウム塩なので、ミネラルのバランスを狂わせ、羊水の成分をおかしくします。水と塩の狂いで流産しやすくなるのです。

もちろん水と塩だけではありません。妊婦の口にする食べ物が悪いと、それが腸に行き、そこで異常発酵をして、有害物質を生じ、その結果羊水も汚れることになります。

妊婦の食事に気をつけましょう。なるべく動物食を避けて植物食を中心にするとよいのです。

「まごわやさしい」食を心がけましょう。「ま」は豆、「ご」はゴマ、「わ」はワカメなどの海藻類、「や」は野菜、「さ」は魚、「し」はシイタケ類、「い」はイモ類を示します。

動物食は血を汚しやすく、野菜食は逆に血をきれいにする働きがあります。

まず妊婦の時から水や食べ物に気をつけて、胎児が健康に育つ環境づくりを心がけましょう。

62 母親の愛情は、子どもが育つ何よりの栄養

子どもが順調に育つかどうかは、母親がうまく愛情を伝えているかどうかで決まります。愛情を伝えるには、皮膚を通して愛情を伝えることが大切と覚えておきましょう。

皮膚を通して愛情を伝える子育ての基本は、出産時にあります。

心の子育てとは、子どもが母親の愛撫で存在感を得、自分の存在に自信を持って育つことを意味します。

子どもが存在感を持って育つかどうかが問題なのです。

存在感のある子どもとはどんな子どもでしょう。自分がこの世に生まれてきたこと、自分の存在に対して自信のある子どもです。自分が親に愛されているという自信のある子どもは、存在感のある子どもに育つのです。

この頃は心の育児を知らない親がたくさんいます。体の育児ばかりしています。育児書も、ミルクの濃さや授乳の回数、おむつのあて方など、体の面倒の見方ばかり書いていて、心の育児については大切なことを書き落としているので、無理もありません。

体の育児のみで育てられ、心を育てられなかった子ども達が、不登校、いじめ、シンナー遊び、心身症、理由なき殺人、自殺など、大きくなって困った様子を見せます。これらはみんな〇歳からの育児で健全な心が育たなかったことを意味しています。

出産時にすぐ抱いてあげることが必要なのです。ところが今の出産のあり方は、子どもが生まれても母親に抱かせずに、すぐに新生児室に連れ去ってしまいます。出生の初めから心の子育てが無視されているのです。

母親の愛情を伝えるには、出産を見直しましょう。

また、誕生直後抱かれることが少ないと、サイレントベビーになる危険があります。生まれて三～六カ月の間はよく抱くことが大切なのです。最初の三カ月が勝負です。

愛情がよく伝わった赤ちゃんは、今度は逆に泣いてもすぐ抱かないで、我慢を教えることが大切になります。

生まれてすぐ母親に抱かれ、愛情をもらって育った赤ちゃんは、穏やかで、わけもなくぐずることが少なく、育てやすいものです。スキンシップが足りないとよく泣くのです。

国立岡山病院では、生まれるとすぐ、赤ちゃんを母親に抱かせ、その日のうちに乳首を七回以上吸わせます。出産後三十分以内に吸わせることを大切にし、砂糖水、ミルクなどを一切与えないように指導されます。すると母乳育児の成功率は一〇〇パーセントだそうです。こうして母親とのつながりが強く、心満たされて育った赤ちゃんは、たった二カ月で他の赤ちゃんと目の輝き、体の働きが違います。しっかりした赤ちゃんに育つのです。

逆に、出産時にすぐ母親から引き離され、乳首を吸わされず、ミルクで育ち、母親に愛撫されたり言葉をかけられることがなかった赤ちゃんは、自閉的に育つ危険があります。

出産時のスキンシップが子育ての基本なのです。母親からこうして愛情を豊かにもらって育った赤ちゃんは、存在感のある子どもに育ちます。

人間の脳は過去の記憶を映像として積み重ねていく仕組みになっています。過去の記憶に合わせて現在の状況を判断し、行動の基準にする仕組みになっているのです。これを行動パターン機構といいます。

出産直後に愛情を豊かに与えられて育った赤ちゃんが、どんな時にも穏やかに過ごせるのは、出生の最初に得た母親との記憶が穏やかなパターンであるためなのです。

第7章 思いやりのある子

63 一生懸命生きて、魂を磨く

子育てで大切なことは、子どもの魂を育てるということです。

人は何のためにこの世に生まれてきたのでしょう。それは魂を磨くためだと教えましょう。誰もが魂を持っています。一生懸命生きると魂が輝くことを子どもに教えましょう。魂はどんな時に光り輝くか、それは次の三つの時です。

①一生懸命やって自分を向上させている時
②すごく集中してやっている時
③人に優しい気持ちを注いでいる時

怠けている人は、自分を磨くことを忘れ、魂を磨いていないのです。そのような人は、自分が発するオーラもくすんでいます。

人はどんな人でもオーラを発しています。魂の磨かれた人はきれいなオーラを発します。怠けている人や、自分に都合のいいことばかり言って努力しない人は、くすんだオーラ、濁ったオーラを発しています。

また、何か良いことを一生懸命集中してやっている時も、人は良いオーラを発しています。魂が光り輝いているのです。

失敗しても悔やまないことも教えましょう。失敗は薬なのです。それをバネにして、またがんばればよいのです。神様は、くじけず一つの目標に向かって集中し続ける人を愛します。

ジャック・リセイランはフランスの哲学者で作家です。彼は幼少の頃事故にあい、盲目になりました。彼は『そして光があった』という自叙伝の中で、寝ている時も覚めている時も、常に瞼の裏に光が見えていたと言っています。彼には心の光が見えたのです。

彼はその本の中で次のように書いています。

「目覚めている時も、夢の中でも、私は光の中で生きていた。人に優しい気持ちでいる時、自信にあふれて晴れ晴れした気分の時は光が輝いていた。

絶対自分が勝って一番になるんだなどと思うと光が消えた。怒ったり、あせったりする時も同じだった。

私は光によっていつも教えられていた。まばゆい合図さえ見ていれば、どう生きればいいかがすぐに分かった」

64 人間の本質は3歳までに育つということを忘れない

繰り返し述べますが、子育てでいちばん大切なのは、子どもの自己中心性を取ることです。わがままを取るということです。わがままに育てないというのがいちばん大切なことなのです。

一番目は、人のことを思いやることができる子に育てるということです。一番目は自分の感情をコントロールできる。もう一つは人のことを思いやることができる。二つとも自己中心的でないということですね。

人のことをきちんと先に考えてあげることができて、自分のことを後にするというように子どもを育てていれば問題は起きないのですが、そういうふうに育っていないと、常に自分が王子様、王女様でないと気がすまない子どもになってしまいます。

いったん子どもを王子様、王女様にしてしまうと、後から自己中心性を取ろうとしても難しくなります。十五歳、十六歳、十七歳になって、「思いやりの心」を持た

非行少年の幼児期における育てられ方

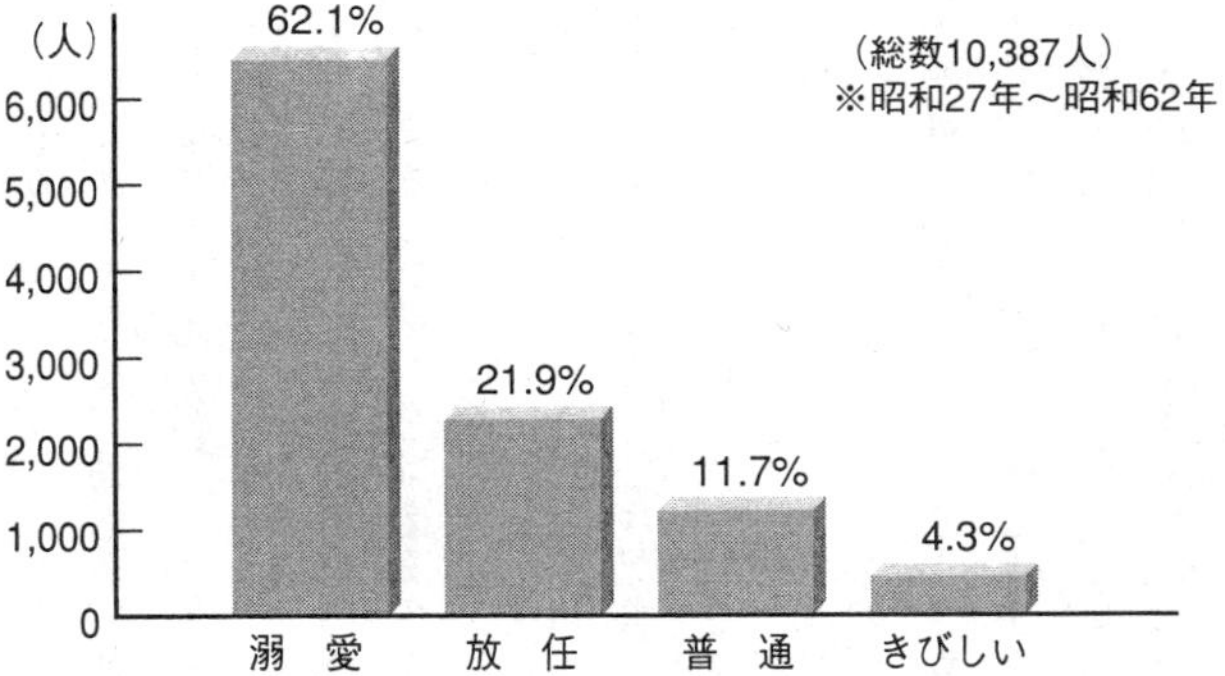

10,387人の中には、まだ法的な処分をうけていない
一般社会で相談を受けたケースも含まれる

せたいと思っても、もう人のことを思いやることができないのです。

最近は、自分の感情をコントロールできず、すぐにキレて相手を突き刺してしまうという子が出てきて大きな問題となっていますが、これは幼児期に甘やかして育てたツケが現れているのです。というのは、そういう心は、実は三歳までに育つからです。

長年少年院法務教官、保護観察官として、一万人の非行少年の指導、矯正にあたってこられた相部和男氏が書かれた『非行の火種は3歳に始まる』（ＰＨＰ研究所）という本があります。この本の中で、相部氏は三十六年にわたり非行少年の幼児期の調査、研究を続けた結果、次のことがわかったとして、前ページの表を書いておられます。

表からわかるように、幼児期に溺愛された子どもは非行に走りやすい、しかも幼児期に溺愛されたものは一人の例外もなく、絶対に「わがまま」になると、相部氏は強調しています。

つまり、非行に走った子どもの多くは過保護に育てられていて、自分の感情を抑え、わがままな気持ちを抑える意志力を育てることをいい加減にした子ども達だというわけです。

「幼児期に甘やかされたこどもは、自分の欲求をコントロールする力が弱い。自らの欲求のままに衝動的に動きだす。

物がほしいと思えば、人の物を盗《と》ってまで自らの欲求を満たそうとする。女がほしいと思えば、次から次に衝動的に強姦してまわる。

私は現在、登校拒否のこどもの相談を多く受けているが、登校拒否のこどもは、一人の例外もなく幼児期に溺愛されていた。

つまり、学校で担任教師とうまくいかない、級友との人間関係が崩れてしまっておもしろくない、勉強についていけない……、ということだけで登校拒否に発展していく。幼児期に甘やかされたこどもは、がまんする力がない。耐性がないからである」（『非行の火種は3歳に始まる』）

逆に、三歳までに自己中心性を取ることがきちんとできていて、自分を抑える、親の言う通りに、いけない、悪いというのがわかる子に育てられた子どもは非行に走らないと、相部氏は述べています。

子どもは親が育てたように育ちます。子どもは親の鏡、子どもの姿は親の姿なのです。ですから子どもがおかしいという場合は、親の子育てが間違っていたということです。

人間の本質的部分は三歳までに育ってしまい、それから後に親が改めようとしてももう遅いということを忘れないでいただきたいと思います。

65 「人間は初めからダイヤモンド」だと教える

最近は子ども達が人の命を何とも思わなくなっています。人の命を奪うことを何とも思わなくなり、他の子どもが殺人を犯すと、「それを模範にしてみたい」「先を越されて悔しい」などと言ってみたり、「殺人を経験してみたかった」などという、とんでもない言葉を子ども達が平気で口にするようになっています。

子ども達の心に何かが大きく欠けているのです。何が欠けているのでしょう。「人間は元々仏性《ぶっしょう》を持っている」ことを理解させ、それを磨くことが大切なことを教えるのが基本です。この理解がないと、教育というものが成り立たなくなります。

仏教では、「一切衆生悉有仏性《いっさいしゅじょうしつうぶっしょう》」といいます。生きとし生けるものはことごとく仏性を持っているというのです。これが人生観の根本になるのです。

人間は皆立派な性質を持っている。磨けば仏性が現れるといっているのです。キリスト教では「人は神の子」であるといっています。

人間の本来は神、仏と同じ性質を持っている。人間は初めからダイヤモンドである。泥を洗い落として磨けば燦然《さんぜん》と光り輝く、といっているのです。

初めから瓦であるのなら、どんなに磨いても光り輝くダイヤモンドにはなりません。これが教育の大原則です。

子ども達に、一人一人が輝く神、仏のような魂を持った存在であることを教え、それを敬い重んじることを教えることが教育の根本なのです。

これが欠けていると、人を大切にしない、人の生命を軽視するという間違った心が育ってしまいます。

子ども達に自分の命の大切さ、人の命の大切さ、生きとし生けるものの大切さを教えなくてはなりません。

現代の風潮はその逆をやっています。テレビが殺人の現場をなんでもないことのように子ども達に見せ、子どもの心に無機質な心を植え付けています。

66 非行にはしるのも、天才に育つのも家庭の雰囲気次第

昭和五十八年、総理府（現内閣府）の発表には、「今日の教育の荒廃の根は家庭にある」「人の迷惑を考えない子どもが育っている」とあります。

幼児期に基本となる力を育てることが大切なのです。子育ての責任は学校や社会にあるのではなく、まず家庭にあります。だから学校教育よりも家庭教育が大切なのです。

ところがこれまでは、家庭教育の方が学校教育よりも大切と言うと、学校の先生方の中には腹を立てる人がいました。教育は学校の仕事、家では何もしないでほし

いと言うのです。親もまたその気持ちに沿っていました。

ここで大きな間違いがあったことに気づいていただかねばなりません。教育というと知識を教えること、と皆がとってしまうので、本当の教育が見落とされてしまったのです。

教育とは人間の付属的要素である知識や技術を教えることが大切なのではなく、人間の本質的要素、人間としての徳を教えることの方が大切なのです。そしてそれは学校の責任というよりも、家庭の責任なのです。

総理府の発表で、「今日の教育の荒廃の根は家庭にある」というのは、正しいことを言っているのです。

繰り返しになりますが、子育ての根幹は、自分の感情をコントロールする意志力を持つ、自己中心ではなく、人のことを思いやることができる子どもを育てる、この二つが大切です。

この子育ての九五パーセントは家庭の責任なのです。ですから両親が教育に関して正しい教育観を持ち、しっかり家庭教育をしてくださらなくてはいけません。さもないと、むしろ反社会的に育ち、非行を喜ぶ子どもを育ててしまいます。

実は、私もかつて保護司という仕事を十年近くやっていました。少年法では、犯罪を犯した少年をすぐ少年院送りにせずに、反省期間をよく耐えて二度と間違った行為をしなければ社会に復帰させるという制度があり、保護観察処分にして、そして様子を見るということをします。

犯罪を犯した少年の様子を見るのが保護司の役目であり、それで一カ月に一回、子どもが私のところに来たり、私の方からご家庭に行って様子を聞いたりして、そして一カ月ごとに報告を出すということをしていました。

実際に非行を犯した少年の家庭に行ってみますと、「ああ、子ども達がこうなったわけがわかるな」と思うことがしばしばでした。そのご家庭に行けば、なぜ子どもが非行に走ったかがわかるのです。

どういうことかというと、家庭の雰囲気がとても冷たいのです。親が子どもに対して愛情を持っていないのです。

「私達はあんなふうに育てた覚えはありません。子どもが勝手に非行に走るような子どもに育ってしまったのです。本当に愛情をいっぱいかけて、子どもの気持ちを満たしてあげて育てたのに、子どもの方が私達を裏切った」などと親は言うのですが、自分達が過保護にしたということがわからないのです。そして今は完全に子どもと心が切れてしまっているわけです。

このように親子が切れた関係にある家庭が、今非常に増えているのです。

67 人柄や人格の形成に影響する「父親の役割」

子どもは父親と接することによって人柄や性格をつくります。子どもの人柄や性格は父親の影響が大きいのです。父親がしっかり子どもの相手をしてあげることの意味は、子どもに父親の「愛」と「敬」を伝えることにあるのです。

父親は子どものモデルです。父親の人格や行動が、子どもに大きな影響を与えます。息子は父親が世界でいちばん偉いと考えるものです。いつも父親を観察し、父親のあらゆる態度を模倣します。父親の影響力はとうていものさしでは測れません。

その時期に家庭を大切にせず、育児に関わらない父親は、父親としては失格です。父親との触れ合いの中で、子どもの自我は成長するものですから。

女の子は父親を異性のモデルとして、異性とはどういうものかを学びます。もし、母親が父親を憎み、悪者だと思い込んでいれば、娘は異性嫌悪に陥るでしょう。息子はその悪い父親の血が流れていると感じ、男性としての自己証明が揺らぎます。

子どもには肯定できる父親像が必要なのです。父親が子どもとほとんど接触しない場合、子どもの心は深く傷つきます。

父親が喜んで子どもと一緒に過ごしている場合、子どもは父親の想像以上に父親から温かさや優しさ、強さなどを感じ取っているものです。

父親から吸収したものは、子どもが創り上げていく人間関係の基本的な考え方に大きく反映されるのです。

父親の愛に飢えている子は黄色い太陽を描く、というのは、よく知られた心理的事実です。

68 「やさしい」と「甘やかし」をはっきり区別

人間としていちばん大切なことは、人に対する思いやりがあることです。家の中でそれぞれがバラバラな気持ちを持っていて、互いに思いやりの気持ちがない家庭は、とても幸せとはいえないでしょう。

家の中でお互いに小さな心遣いをすることが大切です。「夫が出勤する時に、妻が手を振って見送りさえすれば、離婚が回避できるような場合がいくらでもある」といいます。ちょっとした心遣いが家庭の幸せを形づくるのです。

お母さんが子どもに優しい気持ちを示し、子どもがお母さんに優しい気持ちを示している家庭なら、それは幸せな家庭です。

どうしたら子どもがそのような優しい気持ちを人に示せるようになるでしょう。したい通りにさせるという子育てでは、とてもそのような優しい気持ちを育てることはできません。

まずお母さんが優しい気持ちで子どもに接してくださることが基本です。お母さんから十分な愛を受け取っている子ども達は、人に対する優しい気持ちを持つことができます。人への思いやりを育て、いけないことはいけないとわかる理解力を育てます。

69 小さな用事を頼んで、ほめる種まきを

親は普通、何気なく「ああしなさい」「こうしなさい」「いけません」といった命令語、禁止語をかけて子どもに接していますが、これらは子どもの心を閉じさせる言葉です。毎日そういう言葉で接していると、子どもの心は次第に固く閉じてしまいます。

逆に固く閉じた子どもの心を開かせる言葉があります。それは依頼語です。命令語でなく依頼語で子どもに接するとよいのです。

日常の生活の中で、子どもにできる何か小さな用事を頼んでみましょう。「ママのこと、助けてくれる?」「ちょっと買い物に行ってくれる?」「カレーライスつくるの手伝って」など、どんなことでもいいのです。命令では動かない子どもが、依頼すると気持ちよく動いてくれます。依頼語は相手を尊敬する心から発する言葉だからです。

子どもにお手伝いを頼んでも、ろくな手伝いができないので、後でやり返さなけ

ればならないからもう面倒なだけだと思わずに、お手伝いを頼んでみてください。そして、たとえ下手くそでもお手伝いをやってくれたなら、忘れずに子どもをしっかりと抱きしめて、「ママを助けてくれてありがとう。優しい○○ちゃんのおかげで、ママ助かるわ。ママ、○○ちゃん大好き」と、言ってあげましょう。すると、ママに認められた、ほめられた、愛情をもらったと、いっぺんに素直ないい子に変わってしまいます。本当に楽な子育てに変わってしまうのです。

というのは、どの子も心の中に親に認めてもらいたい、ほめてもらいたい、愛してもらいたい、という気持ちがあります。自分を認めてもらいたいというのは、自分を尊敬してもらいたいということです。

そこで、親が子どもにお手伝いを頼むことを通して子どもに尊敬を示せば、子どもは親に対し尊敬の気持ちをずっと持つようになり、素直になるというわけなのです。

先日、あるご両親が、小学二年生の男の子を連れて、子育て相談に来られました。

何の相談に来たかというと、その男の子が学校で人の物や、お金を盗むというのです。学校の先生がそれを見つけ、本人に注意したのですがなおりません。そこで家庭に通知があり、自分達がきつく注意したのですがなおらない、どうすればよいかという話だったのです。

そこで私は言いました。

「お父さん、お母さん、子どもの問題行動は、すべて親の愛を求めているしるしなんですよ。形は物を盗る、お金を盗むということであっても、心は親の愛を盗ろうとしているのです。子どもは親の愛が欲しいと言っているのに、罰を与えるのですから、余計にこじれるばかりです」

「ではどうすればいいのですか」という問いに、私は言いました。

「逆に子どもを認め、ほめ、愛してあげればよいのですよ。子育ての秘訣は子どもを認め、ほめて、愛して育てることです」と、子育ての基本を言ってあげました。

「子どもがお金を盗むのに、どうして認め、ほめ、愛することができるのですか」

そこで、子どもを変えるには、お金を盗むことは悪いことだ、と教えるだけの〝対症療法〟でなく、日常の接し方の中で、子どもを認め、ほめ、愛する場面をつくる〝本質療法〟が大切だということを告げました。

「でも、あの子には、ほめるところなどないのです」

「そういう見方が、子どもさんを今の姿にしているのですよ」

私はそう言って、ほめるところがないのなら、ほめる種まきをすればよいとアドバイスしました。

ほめる種まきというのは、先ほども書きましたが、子どもにちょっとしたお手伝いをしてもらうことです。子どもがお手伝いをしてくれたら、子どもをきつく抱きしめて、「パパを手伝ってくれてありがとう、パパは○○が大好きだよ」と言ってあげればよいのです。

すると、子どもが無意識に抱いている、親に認められ、ほめられ、愛してもらいたいという気持ちがいっぺんに満たされて、子どもが一変してしまうことも告げました。

「お父さん、日曜大工をなさいますか？　じゃあ、子どもに日曜大工のお手伝いをちょっとしてもらえばいいのですよ。

お母さん、子どもにお部屋の片付けを手伝ってもらってください。終わったら、『パパ（あるいはママ）を助けてくれてありがとう。パパ、ママは○○が大好きだよ』と言って、ぎゅっと抱きしめてください。

それでいっぺんに子どもの気持ちが満たされて、ピタリと盗癖がなおってしまいますよ」とアドバイスしました。

ご両親がそのアドバイスに従って、子どもに愛を伝えると、子どもの盗癖は本当にピタリとなおってしまったのです。

子どもの盗癖がこの対処法でなおった例はいくつもあります。

盗癖に限りません。子どもが問題行動を起こしている時は、親の愛情が欠けているからと知り、ほめる場面をつくってこのようにきつく抱きしめ、お前が好きだよと言って、愛情を示すと、子どもの問題行動はすっと消えてしまうことを理解しましょう。

ところで、ほめてもうまくいかない、ほめ方がわからないというお母さんがいます。

ほめる時に、親の心からの喜びが添っ

ていなければいけません。でないと口先だけでほめている、あるいは自分を低く見ているという気持ちを起こさせます。上の者が下の者をほめるというほめ方になっていると、ほめたことがうまく伝わりません。

単にほめるというよりも、心から喜ぶという接し方でほめてくださるのがよいのです。すると、子どもは親が自分のことをそんなにも喜んでくれていると感じて嬉しいのです。口先だけのほめ言葉では子どもの心は動きません。

でも親が心から子どもの存在を喜び、子どものすることを喜び、子どもの優しい心、人への思いやりなどを心から喜んで、その喜びを子どもに伝えて育てれば、子どもの満足感が満たされます。

子どもの満足感が満たされるようなほめ方が大切です。子どもの知識や才能に関することばかりほめていませんか? 性格や人格に関することをほめてくださる方がもっとよいのです。人に親切にしてあげたことがママは嬉しい、下の子に優しい気持ちを示してくれたことが嬉しいというほめ方をすると、子どもの良い性格が育ちます。

70 子どもも自分も劇的に変える　たった二つの小さな行動

子どもに口やかましく小言を言うことは、子どもと親の間の溝を深くします。それをやめて、笑顔でほめ言葉で接するようにすると、親子の関係がよくなります。

ところが「私は、なかなか変われないのです。わかっていてもつい子どもを叱ってしまうのです。自分の性格が恨めしい。いつでもパチンと叩いてしまいます」と、言われるお母さんがいらっしゃいます。どうなおしたらよいのでしょうか、とよく相談を受けます。

自分の性格は変えられないと思っておられるのなら、それは間違いです。性格を変えるのは本当は簡単なことなのです。

新しい習慣をつくりましょう。新しい習慣を二つだけつくるだけで、性格は変えられます。自分を表現する方法をちょっと変えれば、自分を劇的に変えることができるのです。それは、

①良い言葉を口にする

②笑顔で言う

ということです。

ニューヨークの株式仲買人スタインハート氏は、いつも難しい顔をして、朝起きて勤めに出かけるまでの間、妻に笑顔を見せたこともなく、二十語としゃべったこともない気難しい人でした。

その彼は、自分を変えるのは簡単、この二つを試してみれば良いと聞いて、一週間だけ試してみることにしました。

この話を聞いた翌日、朝の食卓につく時、妻に「おはよう」と言いながらにっこり笑ってみました。奥さんの反応は予想以上で、とてもびっくりしていたようです。「これからは毎日こうするからそのつもりでいるように」と妻に言い、それが二カ月続きました。

スタインハート氏が態度を変えて二カ月間、かつて味わったことのない大きな幸福が彼の家庭に訪れました。

彼は門番にも地下鉄の窓口で釣銭をもらう時も、取引所でも、これまで笑顔を見せたことのない人達に笑顔を見せました。

やがて皆が笑顔を返すようになりました。苦情や不満を持ち込んでくる人達にも明るい態度で接するようになりました。

その結果、売上げが増え、収入もうんと増えてきました。

このように、結婚して十八年、変わらなかった性格がこの二つで変わってしまったのです。

生き方のパターンにはプラスのパターンとマイナスのパターンとがあります。スタインハート氏が初めに持っていたのは、マイナスの暗いパターンでした。それをプラスの明るいパターンに変えたら、周囲に驚くべき変化が生じたという事実を見ました。

このように、明るい言葉を笑顔で口に出すということを新しい習慣としてくださったら、あなたは良い生き方のパターンを選んだということになり、周りが変わっていきます。ご自分に対してもいいことを笑顔で言う。おじいちゃんに対してもいいことを笑顔で言う。おばあちゃんに対してもいいことを笑顔で言う。

お父さんにいいことを笑顔で言えば、お父さんがいい言葉を返してくださいます。きついことを言ったらきつい言葉が返ってきます。子どもに対していいことをすっと笑顔で言うと、子どもが素直に聞いてくれます。

あるお母さんが、子どもがかわいくない、子育てをするのが苦痛だ、毎日子どもと接していて、とても苦しい、どうしたらよいでしょうと、私に相談に来られました。

そこで、「この二つを試みるといいですよ。嘘でもいいから笑顔で、子どもを抱いて、『ママは〇〇ちゃんが大好きよ』と一日二十回、一週間言い続けてごらんなさい」とアドバイスしました。

翌週教室に来たお母さんは、すっかり変わっていました。明るくなり、笑顔も出るようになって、「子どもがとてもかわいくなりました。今までは私の気持ちを知ってか、私を避け、私になつかなかった子どもが、すっかり心を開いて、私に抱かれるようになったのです。

そうしたらとてもかわいく思えるようになりました。子どもがかわいくなかったのは、私の気持ちがそうさせていたのですね。私が変わると、子どもが変わってしまいました」と報告してくださいました。

参考文献

『人間学』　七田眞著　しちだ・教育研究所
『人間学・2』　七田眞著　しちだ・教育研究所
『人生のヒント』　D・カーネギー著　三笠書房
『子育て父親の出番』　坂本光男著　明治図書出版
『「勉強ぎらい病」の治し方』　今村栄三郎著　日本教文社
『非行の火種は3歳に始まる』　相部和男著　PHP研究所
『人生の師父　安岡正篤』　神渡良平著　同文舘出版
『英才児　その検出と育て方と』　R・ショヴァン著　朱鷺《とき》書房
『落ちこぼれを出さない実践』　岸本裕史著　部落問題研究所出版部
『認めてほめて愛して育てる』　七田眞著　PHP研究所

著者紹介

七田　眞（しちだ　まこと）

1929年生まれ、島根県出身。教育学博士。日本文化振興会副会長。七田チャイルドアカデミー校長。しちだ・教育研究所会長。現在、七田式幼児教育を実践している教室が全国で400教室を超える。また、アメリカ、韓国、台湾にも七田教育が広がっている。

1997年、社会文化功労賞受賞、世界学術文化審議会より国際学術グランプリ受賞。また国際学士院の世界知的財産登録協議会より、世界平和功労大騎士勲章を受章、騎士（ナイト）の称号を受ける。

主著に、『赤ちゃん・幼児の知力と才能を伸ばす本』『子どもの知力を伸ばす300の知恵』『赤ちゃんの未来がひらける「新しい胎教」』（いずれもＰＨＰ研究所）、『父親の７つの行動』（海竜社）、『赤ちゃんは天才！』（ベストセラーズ）等、多数。

[七田式教育に関する連絡先]

・しちだ・教育研究所（通信コース、通信販売）

……http://www.shichida.com

〒695-8577　島根県江津市江津町526-1

☎(0120)199-415　FAX(0120)299-415

・七田チャイルドアカデミー（幼児教室）

……http://www.shichida.ne.jp/

〒543-0053　大阪市天王寺区北河堀町3-15　S.C.A. 本社ビル

☎(06)6776-4141　FAX(06)6776-4422

〒115-0044　東京都北区赤羽南1-9-11　赤羽南ビル8F

☎(03)5249-7700　FAX(03)5249-0505

・児童英語研究所（英語教育）……http://www.palkids.co.jp/

〒160-0022　東京都新宿区新宿1-18-10　カテリーナ柳通りビル3F

☎(03)3352-6125　FAX(03)3352-3188

この作品は、2001年５月にＰＨＰ研究所より刊行された、『どの子も伸びる！　正しい「知力」の磨き方』を改題、再編集したものである。

ＰＨＰ文庫　「できる子」の親がしている70の習慣

2005年９月16日　第１版第１刷
2006年８月10日　第１版第６刷

著　者　七田　眞
発行者　江口克彦
発行所　ＰＨＰ研究所
東京本部　〒102-8331　千代田区三番町３番地10
文庫出版部　☎03-3239-6259（編集）
普及一部　☎03-3239-6233（販売）
京都本部　〒601-8411　京都市南区西九条北ノ内町11
PHP INTERFACE　http://www.php.co.jp/
制作協力
組　版　ＰＨＰエディターズ・グループ
印刷所
製本所　凸版印刷株式会社

ISBN4-569-66448-2

PHP文庫

逢坂剛／北原亞以子　鬼平が「うまい」と言った江戸の味
逢沢明　大人のクイズ
逢沢明　「負けるが勝ち」の逆転！ゲーム理論
青木功　ゴルフわが技術
赤羽建美　女性が好かれる9つの理由
阿川弘之　日本海軍に捧ぐ
浅野八郎 監修　「言葉のウラ」を読む技術
浅野裕子　大人のエレガンス80のマナー
阿奈靖雄　「プラス思考の習慣」で道は開ける
綾小路きみまろ　有効期限の過ぎた亭主・賞味期限の切れた女房
アレクサンドラ・ストッダード／大原敬子 訳　人生は100回でもやり直しがきく
飯田史彦　大学で何をどう学ぶか
飯田史彦　生きがいの本質
飯田史彦　人生の価値
池波正太郎　霧に消えた影
池波正太郎　信長と秀吉と家康
池波正太郎　さむらいの巣
石島洋一　決算書がおもしろいほどわかる本
石島洋一　「バランスシート」がみるみるわかる本
石田勝正　抱かれる子どもはよい子に育つ

石原結實　血液サラサラで、病気が治る、キレイになれる
伊集院憲弘　いい仕事は「なぜ？」から始まる
泉秀樹　戦国なるほど人物事典
板坂元　男の作法
市田ひろみ　気くばり上手、きほんの「き」
稲盛和夫　成功への情熱—PASSION—
稲盛和夫／盛和塾事務局 編　稲盛和夫の実践経営塾
稲盛和夫　稲盛和夫の哲学
井上和子　聡明な女性はスリムに生きる
今泉正顕　人物なるほど「一日一話」
梅澤恵美子　額田《ぬかた》王《おおきみ》の謎
梅津祐良 監修／池上重輔 著　[図解]わかる！MBA
瓜生中　仏像がよくわかる本
江口克彦　上司の哲学
江口克彦　鈴木敏文 経営を語る
江坂彰　大失業時代。サラリーマンはこうなる
江坂彰　「21世紀型上司」はこうなる
エンサイクロネット　スポーツの大疑問
エンサイクロネット　好感度をアップさせる「モノの言いよう」
エンサイクロネット・ビジネス　どんな人にも好かれる魔法の心理作戦

遠藤順子　再会
呉善花　日本が嫌いな日本人へ
呉善花　私はいかにして「日本信徒」となったか
大石芳裕 監修／造事務所 著　図解 流通のしくみ
大島秀太　世界一やさしいパソコン用語事典
大島昌宏　結城秀康
太田颯衣　5年後のあなたを素敵にする本
大橋武夫　戦いの原則
大原敬子　なぜか幸せになれる女の習慣
大原敬子　愛される人の1分30秒レッスン
岡倉徹志　イスラム世界がよくわかる本
岡崎久彦　陸奥宗光とその時代
岡崎久彦　小村寿太郎とその時代
岡崎久彦　吉田茂とその時代
岡本好古　韓信
岡野守也　よくわかる般若心経
小川由秋　真田幸隆
荻野洋一　世界遺産を歩こう
オグ・マンディーノ／菅靖彦 訳　この世で一番の奇跡
オグ・マンディーノ／菅靖彦 訳　この世で一番の贈り物

PHP文庫

PHP文庫

PHP文庫

世界博学倶楽部　「世界地理」なるほど雑学事典
関　裕二　古代史の秘密を握る人たち
関　裕二　大化改新の謎
関　裕二　壬申の乱の謎
関　裕二　神武東征の謎
瀬島龍三　大東亜戦争の実相
全国データ愛好会　47都道府県なんでもベスト10
曾野綾子　人は最期の日でさえやり直せる
大疑問研究会　大人の新常識520
太平洋戦争研究会　日本海軍がよくわかる事典
太平洋戦争研究会　日本陸軍がよくわかる事典
太平洋戦争研究会　日露戦争がよくわかる本
多賀一史　日本海軍艦艇ハンドブック
多湖　輝　しつけの知恵
高嶋秀武　話のおもしろい人、つまらない人
髙嶌幸広　話し方上手になる本
髙嶌幸広　「話す力」が身につく本
高野　澄　井伊直政
高橋安昭　会社の数字に強くなる本
高橋勝成　ゴルフ最短上達法

高橋克彦　風の陣［立志篇］
高橋三千世　爆笑！ ママが家計を救う
高宮和彦 監修　健康常識なるほど事典
財部誠一　カルロス・ゴーンは日産をいかにして変えたか
滝川好夫　「経済図表・用語」早わかり
田口ランディ　ミッドナイト・コール
匠　英一　「意識のしくみ」を科学する
匠 英一 監修　「しぐさと心理」のウラ読み事典
竹内元一　「図解表現」の技術が身につく本
武田鏡村　［図説］戦国兵法のすべて
武光　誠　古代史大逆転
太佐　順　陸《りく》遜《そん》
田坂広志　仕事の思想
田島みるく 文／絵　お子様ってやつは
田島みるく 文／絵　「出産」ってやつは
立石　優　范《はん》蠡《れい》
立川志の輔 選・監修 PHP研究所編　古典落語100席
田中澄江　「しつけ」の上手《うま》い親・下手な親
田中鳴舟　みるみる字が上手くなる本
谷口克広　目からウロコの戦国時代

谷沢永一　こんな人生を送ってみたい
谷沢永一 渡部昇一　孫子・勝つために何をすべきか
田原　紘　目からウロコのパット術
田原　紘　ゴルフ下手が治る本
田辺聖子　恋する罪びと
丹波　元　京都人と大阪人と神戸人
丹波　元　まるかじり礼儀作法
柘植久慶　歴史を動かした「独裁者」
柘植久慶　日露戦争名将伝
出口保夫　イギリスの優雅な生活
デニース・スコフィールド 小谷啓子 訳　少しの手間できれいに暮らす
寺林　峻　エピソードで読む黒田官兵衛
童門冬二　「情」の管理・「知」の管理
童門冬二　上杉鷹山の経営学
童門冬二　男の論語（上）（下）
戸部新十郎　二十五人の剣豪
戸部民夫　「日本の神様」がよくわかる本
ドロシー・ロー・ノルト レイチャル・ハリス 石井千春 訳　子どもが育つ魔法の言葉
ドロシー・ロー・ノルト 石井千春／武者小路実昭 訳　子どもが育つ魔法の言葉 for the Heart
土門周平　天皇と太平洋戦争

PHP文庫

中江克己　お江戸の意外な生活事情
中江克己　お江戸の地名の意外な由来
長尾　剛　新釈「五輪書」
中川昌彦　自分の意見がはっきり言える本
長坂幸子 監修　家庭料理「そうだったのか!」クイズ
永崎一則　人はことばに励まされ、ことばで鍛えられる
永崎一則　人をほめるコツ・叱るコツ
永崎一則　話力をつけるコツ
中澤天童　名古屋の本
中島道子　松平忠輝
中島道子　松平春《しゅん》嶽《がく》
中曽根康弘・石原慎太郎　永遠なれ、日本
永田英正　項羽
中谷彰宏　入社3年目までに勝負がつく77の法則
中谷彰宏　なぜ彼女にオーラを感じるのか
中谷彰宏　自分で考える人が成功する
中谷彰宏　時間に強い人が成功する
中谷彰宏　大学時代しなければならない50のこと
中谷彰宏　なぜあの人にまた会いたくなるのか
中谷彰宏　「大人の女」のマナー

中谷彰宏　人を許すことで人は許される
中谷彰宏　なぜ、あの人は「存在感」があるのか
中谷彰宏　人を動かせる人の50の小さな習慣
中谷彰宏　本当の自分に出会える101の言葉
中谷彰宏　一日に24時間もあるじゃないか
中津文彦　歴史に消された「18人のミステリー」
中西　安　数字が苦手な人の経営分析
中西輝政　大英帝国衰亡史
中野　明　論理的に思考する技術
中原英臣・佐川　峻　なにが「脳」を壊していくのか
中村昭雄 監修・造事務所 著　図解 政府・国会・官公庁のしくみ
中村彰彦　幕末を読み直す
中村　晃　児玉源太郎
中村祐輔 監修　遺伝子の謎を楽しむ本
中村幸昭　マグロは時速160キロで泳ぐ
中村義作 編・阿邊恵一 著　知って得する! 速算術
中山み登り　へなちょこシングルマザー日記
中山庸子　「夢ノート」のつくりかた
中山庸子　夢生活カレンダー
奈良井安　「問題解決力」がみるみる身につく本

西野武彦　「株のしくみ」がよくわかる本
西本万映子　「就職」に成功する文章術
日本博学倶楽部　「歴史」の意外な結末
日本博学倶楽部　「関東」と「関西」こんなに違う事典
日本博学倶楽部　雑学大学
日本博学倶楽部　歴史の意外な「ウラ事情」
日本博学倶楽部　戦国武将・あの人の「その後」
日本博学倶楽部　幕末維新・あの人の「その後」
日本博学倶楽部　日露戦争・あの人の「その後」
沼田陽一　イヌはなぜ人間になつくのか
野村敏雄　小早川隆景
野村敏雄　秋山好古
ハイパープレス　雑学居酒屋
葉治英哉　松平容保
長谷川三千子　正義の喪失
秦　郁彦 編　ゼロ戦20番勝負
畠山芳雄　人を育てる100の鉄則
服部英彦　「質問力」のある人が成功する
服部省吾　戦闘機の戦い方
服部隆幸　［入門］ワン・トゥ・ワン・マーケティング

PHP文庫

花村　奨　前田利家
バーバラ・コロローソ／田栗美奈子 訳　子どもに変化を起こす簡単な習慣
羽生道英　佐々木道誉
羽生道英　伊藤博文
浜尾　実　子供を伸ばす一言、ダメにする一言
浜野卓也　黒田官兵衛
晴山陽一　TOEIC®テスト英単語ビッグバン速習法
半藤一利　レイテ沖海戦
半藤一利　ルンガ沖夜戦
半藤一利／秦郁彦／横山恵一　日本海軍 戦場の教訓
半藤末利子　夏目家の糠《ぬか》みそ
PHPエディターズ・グループ　図解「パソコン入門」の入門
樋口廣太郎　挑めばチャンス 逃げればピンチ
火坂雅志　魔界都市・京都の謎
日野原重明　いのちの器〈新装版〉
平井信義　親がすべきこと・してはいけないこと
平井信義　子どもを叱る前に読む本
平川陽一　世界遺産・封印されたミステリー
平川陽一　古代都市・封印されたミステリー
平澤　興　論語を楽しむ

ビル・トッテン　アングロサクソンは人間を不幸にする
福井栄一　上《かみ》方《がた》学
福島哲史　「書く力」が身につく本
福田　健　「交渉力」の基本が身につく本
藤井龍二　「ロングセラー商品」誕生物語
藤田完二　上司はあなたのどこを見ているか
藤原美智子　「きれい」への77のレッスン
藤本義一／丹波　元　大阪人と日本人
北條恒一　〈改訂版〉「株式会社」のすべてがわかる本
保坂隆 監修　「プチ・ストレス」にさよならする本
保阪正康　昭和史がわかる55のポイント
保阪正康　父が子に語る昭和史
星　亮一　浅井長政
本間正人　「コーチング」に強くなる本
本多信一　内向型人間だからうまくいく
毎日新聞社　話のネタ
前垣和義　東京と大阪・「味」のなるほど比較事典
マザー・テレサ 著／ホセ・ルイス・バラド 編／渡辺和子 訳　マザー・テレサ 愛と祈りのことば
ますいさくら　「できる男」「できない男」の見分け方
ますいさくら　「できる男」の口説き方

町沢静夫　なぜ「いい人」は心を病むのか
松井今朝子　東洲しゃらくさし
松井今朝子　幕末あどれさん
松澤佑次 監修／駒沢伸泰 著　やさしい「がん」の教科書
松田十刻　東条英機
松野宗純　人生は雨の日の托鉢
松原惇子　「いい女」講座
松原惇子　「なりたい自分《ひと》」がわからない女たちへ
松下幸之助　物の見方 考え方
松下幸之助　指導者の条件
松下幸之助　決断の経営
松下幸之助　社員稼業
松下幸之助　商売は真剣勝負
松下幸之助　強運なくして成功なし
松下幸之助　正道を一歩一歩
松下幸之助　道は無限にある
松下幸之助　商売心得帖
松下幸之助　経営心得帖
松下幸之助　人生心得帖
松下幸之助　素直な心になるために

PHP文庫

- 的川泰宣　宇宙は謎がいっぱい
- 万代恒雄　信じたとおりに生きられる
- 三浦行義　なぜか「面接に受かる人」の話し方
- 水野靖夫　微妙な日本語使い分け字典
- 道浦俊彦　「ことばの雑学」放送局
- 三戸岡道夫　大山巌
- 水上勉　「般若心経」を読む
- 宮崎伸治　時間力をつける最強の方法100
- 宮部修　文章をダメにする三つの条件
- 宮部みゆき　初ものがたり
- 宮部みゆき／安部龍太郎／中村隆資 他　運命の剣のきばしら
- 宮脇檀　男の生活の愉しみ
- 三輪豊明　図解「国際会計基準」入門の入門
- 向山洋一／大鐘雅勝 編著　中学校の「英語」を完全攻略
- 向山洋一 編／石川裕美／遠藤真理子 著　小学校の「算数」を5時間で攻略する本
- 向山洋一　向山式「勉強のコツ」がよくわかる本
- 向山洋一 編／山田彰 著　「中学の数学」全公式が12時間でわかる本
- 森荷葉　「きもの」は女の味方です。
- 森本邦子　わが子が幼稚園に通うとき読む本
- 森本哲郎　ことばへの旅（上）（下）

- 森本哲郎　戦争と人間
- 守屋洋　中国古典一日一言
- 守屋洋　男の器量 男の値打ち
- 八坂裕子　好きな彼に言ってはいけない50のことば
- 安岡正篤　活眼活学
- 安岡正篤　論語に学ぶ
- 八尋舜右　竹中半兵衛
- 藪小路雅彦　超現代語訳 百人一首
- 山折哲雄　蓮如と信長
- ブライアン・L・ワイス／山川紘矢・亜希子 訳　前世療法
- ブライアン・L・ワイス／山川紘矢・亜希子 訳　魂の伴侶―ソウルメイト
- 山崎武也　一流の仕事術
- 山崎房一　心がやすらぐ魔法のことば
- 山崎房一　子どもを伸ばす魔法のことば
- 山田恵諦　人生をゆっくりと
- 山田正二 監修　間違いだらけの健康常識
- 山田陽子　1週間で脚が細くなる本
- 山村竜也　目からウロコの幕末維新
- 八幡和郎　47都道府県うんちく事典
- 唯川恵　明日に一歩踏み出すために

- 唯川恵　きっとあなたにできること
- 唯川恵　わたしのためにできること
- ゆうきゆう　「ひと言」で相手の心を動かす技術
- 養老孟司／甲野善紀　自分の頭と身体《からだ》で考える
- 吉松安弘　バグダッド憂囚
- 読売新聞大阪編集局　雑学新聞
- 李康彦／木内明　超初級「ハングル入門」の入門
- 李家幽竹　「風水」で読み解く日本史の謎
- リック西尾　英語で1日すごしてみる
- 竜崎攻　真田昌幸
- 鷲田小彌太　「やりたいこと」がわからない人たちへ
- 鷲田小彌太　大学時代に学ぶべきこと、学ばなくてよいこと
- 和田秀樹　受験は要領
- 和田秀樹　わが子を東大に導く勉強法
- 和田秀樹　受験本番に強くなる本
- 和田秀樹　他人の10倍仕事をこなす私の習慣
- 渡辺和子　美しい人に
- 渡辺和子　愛をこめて生きる
- 渡辺和子　愛することは許されること
- 渡辺和子　目に見えないけれど大切なもの